大展好書 好書大展

大展好書 好書大展

社會人智囊

28

心理諮商室

森田健一郎 著

柯 素 娥譯

大展出版社有限公司

目錄

目　錄

心理諮商室

■我失戀了，想自殺

Q 我是大學一年級學生。雖第一次落榜了，但去年突破升學考試的難關，好不容易才進入朝思暮想的私立大學就讀。

上大學之後，有一天受朋友邀約在電腦公司打工。那個時候，我遇到比自己年長三歲的女孩。她的長相酷似田中美佐子，有一點大姊姊味道的女孩。我立刻就喜歡上她了。提出數次約會的要求之後，兩人終於在星期天碰面了。看完電影，就去咖啡館之類的地方，可以說是按照慣例、老一套的約會行程。但是因爲緊張的緣故，多喝了一點酒，至於過了深夜之後的事我就喪失記憶，不省人事了。那段時間我做了非常嚴重的事情。據說，在嘔吐之後我竟去舔那些穢物。

自那一次以後，他再也不見我，絲毫不給我機會，而且只要一見到我就顯出非常嫌惡的表情。上一次也是一樣，我一糾纏不休地邀約她，她就稱呼我「嘔吐的男人」，並且被她大喊：「我要叫警察來哦！」情況十分狼狽。是的，我失戀了。

現在，我完全不想去上學，而且連活下去的希望也沒有。我告訴自己：「就這樣算了

吧！自殺了吧！」如果我死了，或許她一點也不知道，那不是太不值得了嗎？我該怎麼辦才好呢？請幫助我。（19歲・大學生・男）

你儘管寫著「想自殺」，但另一方卻說「請幫助我」，這實在是非常困難的「訂單」，該如何幫你呢？因爲你只是這種程度的挫折就想要自殺，像你這樣的人，以前或許也曾因一點芝麻小事而產生自殺的念頭吧。因爲每次都讓周遭的人忙亂成一團，東奔西跑的，所以可真夠令人受不了。

倘若因這樣的事件而能跳車，一命嗚呼哀哉那就算了，但如果想敷衍局面、故作姿態，以引起別人注意，冬天因攀登山峰而被凍死，那就太糟糕了。警方必須出動搜索隊營救你才行，飛機也必須飛到山崖邊緣，你的家人會被强索龐大的費用。

因爲你說很想死，所以如果真的死了還算好，但就像人們常言道：「從前就說想要自殺的傢伙，從未嘗試過。」一樣，「自殺」與「想要自殺」是截然不同、層次迥異的事情。然而，我想先說一句：縱令你自殺了，但稱呼你爲「嘔吐的男人」的女人，大概會不痛不癢，絲毫不感到傷心吧。毋寧說，她說不定會痛快地大笑一番，喜不自勝呢！

根據最近針對瀕臨死亡邊緣體驗所做的研究，人在死亡的那一瞬間，似乎並不是那麼痛苦，因此，你不必那麼擔憂、恐懼。雖然一般人都認爲，自古即有的上吊自殺是最輕鬆愉快的，但據說死亡之後會變成相當怪異駭人的臉孔，所以，你最好到此一地步就覺悟了，打消尋死的念頭，或許是比較明智。

但是，如果你硬要尋死，那麼在你去死之前我有個願望。你大概不知道這個世界上有許多人因與生俱來的不幸疾病，而等待著器官移植的人吧？可以的話，能不能好好地寫一封遺書，表明醫師可以立刻移植你的器官。不過，器官移植必須在死亡之後數小時以內進行。如果你用電話通知我，你死亡之後的場所及地點我可以馬上發現，那就感激不盡了。你若一心求死，則別人如何阻擋也徒勞無益，但在死之前請好好地想一想，自殺是不是值得？你受得了自殺的痛苦？害怕自己死狀淒慘？

如果還是想不通，那麼請留一封遺書給我，寫清楚器官捐贈的意願，並先以電話通知我，你死亡之後可以立刻發現你遺體的地點、時間。做好一切的安排，再去自殺吧！

既然要寫遺書，那麼，與其寫著「因爲失戀而死」之類的字句，你不如索性爲等待器官移植的人做些事情，對他們有一點幫助，寫著「請讓我的器官有益於需要它們的人，發揮一點用處，我願意捐出所有的器官。」

後者的做法更來得有面子多了，死得風光一些。祈禱你幸運。

■對他過度的潔癖症傷透腦筋

Q 第一次與他約會是在去年二月。眞是一個溫柔體貼的男孩。因爲，我大衣的領子上一沾上線頭，他就突然幫我取下，他並且是隨時整潔、規規矩矩的人。不過，也有令人有點擔心不安的事情。

譬如，我一從洗手間出來，他總是拿出攜帶用的紙巾給我。可是，我瞭解，這表示他大概又要準備嘮叨一番，說一些整潔的大道理讓我聽了。

我因打算將來當一個設計師而上美術學校，因爲他一句「我不會讓妳吃苦」的求婚辭，畢業的同時我將和他結婚了。

求婚之後經過數個月了。結婚典禮和畢業典禮迫在眼前，但爲何我卻很憂鬱呢?事實上，我的未婚夫是個異常的潔癖症患者，情況已到了令人難以忍受的程度。就連在房間裡掉一根頭髮也不可以。只要從外面回來，他一定用酒精消毒手。那些隨身攜帶的紙巾，其實也是含有酒精成分的東西。特別使人震驚的是，與我接吻之後他一定用消毒液漱口。我沒有自信結婚之後兩人也能一直圓滿和諧。（22歲・學生・女）

潔癖症雖有各種各樣症狀，但因爲妳寫著「潔癖到了不正常的程度」，所以妳未婚夫的情況大概相當嚴重了。

我可以想像得到他的房間被刷得閃閃發亮、一塵不染的情景。他的報紙恐怕也是一絲不苟地折疊好好的，收拾在壁櫃裡吧。

如果仔細地想一想，回來之後一定用酒精消毒，這件事表示了什麼？可以的話儘量不外出，只想關在家裡不沾外面的髒東西，不正是他真正的心思嗎？是的，對他來說，搭乘電車或許是比碰大便更髒的事呢！

妳說即使結婚了也沒有信心，雖然妳似乎考慮不準備結婚，但這是無可奈何的事情。人們常說的「幸運從天而降，福氣自天上來」雖是神話，但天下沒有十全十美的人也是不無道理。

像他這樣的男性打著燈籠也找不到，已很罕見了。也就是說，遇上他是妳的幸運，該感謝他才是。

將來以設計師爲目標的妳，有必要因爲結婚而停止好不容易建立的夢想嗎？妳的夢想只要沒有他就不能實現。結婚不是完成夢想的機會嗎？

換句話說，妳只要去工作，請他擔任「家庭主夫」負責家裡的清潔即可，根本不必操心家事。如果妳有才能，應該可以賺到比男人高出數倍的錢。

這樣妳大概就瞭解了吧。

被客滿的電車一路搖搖晃晃到公司上班的是妳。另外，對他來說，一定也會認爲：「這樣不是比較幸福嗎？」儘管他有潔癖症，但無論妳如何疲累地回到家來，屋裡或許隨時總是被刷得亮晶晶，而且冰箱也應該塞滿了冰涼的啤酒，待妳享用呢！

不想去學校

Q 我是國中三年級的學生，即將參加高中聯考，但卻不想上學。當然我也和父母商量過。父親是個腦筋古板的人，他甚至以爲我是否在學校被欺負了？我才一開口要說，他就立刻冷不防地大聲責罵我：

「被誰欺負了？說出對方的名字！」

我正心想著：「是這樣嗎？你眞會猜。」他又說：

「你應該知道如果不上好的大學就不能找到好的工作！爲了要上好的大學，就得上好的高中。但你竟然說不想去學校，這是什麼話！什麼意思!?」

他一點也不瞭解我。但是，即使我說破了嘴去解釋自己爲什麼不想去學校，每一次仍無法好好地回答，說清楚理由。

就這樣，來往於補習班與學校之間，不由得心想：「我要過像父親或老師一樣的人生嗎？」愈來愈空虛。不是任何人都必須去學校嗎？事實上，父親雖看見我早上出門上學，但我在途中經常逃學曠課，已經到了快要拒絕上學的地步。（15歲・國中生・男）

你是否曾思考過爲何必須去學校呢？這也是現代教育所具有的問題，大多數人都不知自己爲何非得去學校不可。

社會上有一些如魔法咒語般的話語：「如果不去學校就會變成壞蛋、流氓。」或者說：「成績若不好就成不了偉大的人。」也是如此深具魔力的一句，使人深信任何人都非得上學不可。但是，若說到「不去學校會不會變成不良少年？」倒是無稽之談，並沒有這樣絶對的事情。對被「不去學校會如何如何」之類的「常識」所迷惑的大人而言，你或許將會永遠被看作不良少年，但是，從未有聽說過不去學校居然勝過去學校之類的事情。也從未聽說過不會讀書比會讀書強。

除非你是性情古怪的人，否則，可以不去學校的人是很少見的。只要到了六歲就上小學去，一到了十二歲則上國中，這便是現今的「常識」。說「不想去學校」的你，並不適用此一常識。也就是說，如果從社會上大人們的眼光來看，你這個古怪的人正做出離經叛道、不合乎常識的事情，完全不按照一定的軌道走。

大抵而言，所謂的社會具有捨棄離經叛道的人的傾向。或許是因爲，人們對不是與自己相同的傢伙都看做好像外星人一般。

但是，在此試著再次思考你的疑問。學校制度直到近代才產生，僅僅才一百年以前的

事情。爲什麼能創建起學校呢？這是因爲要培養出優秀的產業勞動者。

一這麼寫，你也許會反駁說：「什麼?!這樣的事情教科書上不是也有寫嗎？但這是至今仍通用的理由，當然還有其他各種說法。就像你父親所說的一樣，「若不上好學校就進不了好公司」這種常識，也適用於現今直截了當、不兜圈子的時代，的確是一針見血、切中要點。

也有人的意見是「爲了學習團體生活」。這也是去學校的好理由。因爲學校可能培養出具有協調性的人，而協調性對公司組織而言是必要的條件，絕對不可缺少，進學校正是爲了進公司作準備。

的確，如果打算就職於三菱、松下之類的大企業，或是打算成爲公職機關的官員，那就應該上學。誠如你父親所言，不進好學校，要成爲優秀的上班族，將來要擔任官職就成爲夢想，這也是可以理解的。不過，今後歷經百年之後，現在的上班族也好，官員也好，都是一介塵土，歸於大地。

如果每天總是閒盪、無所事事，那麼時間應該很多。對你來說，學校是如何地重要？只要你好好地想一想就可以了。

如果你認爲上學不是那麼必要，那麼既不必每天上學了，也不必被成績不好的朋友說東說西，受他們的引誘而學壞，更可以不必看愚蠢老師的臉色。

你在學校所學習的雖是知識，但這些知識是無所不在的，即使在其他的學校也學不到，只要你還有學習的意願，甚至深具企圖心的話，在任何地方都應該可以學習。不過，學校制度畢竟只有百年的歷史，正因爲如此，才可以順利地做到將大量的知識集中地填滿學生腦袋，讓學生强記。

學校這個地方，只是如此的存在而已，最多是「學校」的名義，沒什麼了不起的……

■在學校被欺負了，真想死

Q 我在學校被欺負了。我所隸屬的社團有八個人，因爲社長直到半年以前還待在柔道社，所以擁有令成人相形見絀的體格。以前他一在柔道大賽輸掉了，我就遭殃了，我會被叫到河灘上揍個半死。由於社長家是有錢人家，因此零用錢應該不會不方便，但他居然每天向我央求金錢用，有時近乎勒索，而我的儲錢筒已經空空的。明天該怎麼辦才好呢？若違抗他的命令，就會被迫在街上裸奔。

僅僅如此那還好，但是，被迫在商店順手牽羊偷東西就令人難以接受了。如果說「不」，就可能被打得半死，況且就在最近他更說：「我們來玩模做漁夫的遊戲，你來當魚餌。」然後在我脖子上綁了繩子，將我投入河裡，被當作誘魚的「鸕鷀」，差一點就沒命了。眞想自殺，請救救我！我該怎辦？（15歲・中學生・男）

不同於從前，最近欺負同學的案例，都以陰險、狡猾、隱密爲特徵。只從外表來判斷，大多無法區別出欺負同學與否。更有甚者，常有連本人也未自覺到被欺負了。即使想要告訴周遭的人，因爲別人多半會漠不關心，所以並不好應付。也就是說，自己無法指望別人解決被欺負的事情，別人全都靠不住，真是令人頭痛的問題。

因此，如果被欺負帶給你自身危機感，造成不安，那麼，你就非得採取强迫性地讓周遭知道你正被欺負的方法不可了。

舉例來說，如果被迫偷竊，那就請毅然決然地偷竊，狠心一點。這種行爲若是一塊橡皮擦之類的可愛小東西就不行，應該拿個精光，不過要故意讓事跡敗露地偷竊，讓警察逮捕，或是讓警方通緝你，如此「大幹一場」，引起騷動即是重點。

然後，只要痛切地告訴警方你爲何非得順手牽羊不可即可。如此一來，你就不算是出賣夥伴。

順帶一提，如果附近有夥伴在監視你，那就大喊一聲：「〇〇先生，幫幫我！」把夥伴的名字叫得更大聲一點。强調你正被夥伴監視。這麼一來，你就可以向警方説明自己被欺負你的夥伴硬逼去偷竊，成爲被害者。

做個儘可能地將社會問題化，帶給社會棘手問題，這樣的竊賊也不錯吧?!譬如偷竊一大包香菸（二百支）或一打威士忌酒之類的東西，那將會如何呢？

「爲什麼未成年卻偷香菸？」

如果被訊問，那就回答：

「我雖不吸菸，但被夥伴脅迫，若不偷竊，就會被殺。」

若不給予學校一些震撼就不會察覺問題。不過，即使發現了問題所在，也會企圖隱瞞的即是學校的做法。然而，只要成爲新聞話題，事到如此地步，儘管是學校也不能敷衍了事，一句「不知道」是說不過去的。

如果，這樣還不行的話，還有一個方法是佯裝要自殺，引起注意。

首先，留下一封寫著你爲什麼要自殺的遺書。可以的話，如果身旁有心直口快、藏不住話的朋友，那麼最容易的方法是請他幫忙，讓他傳出風聲。長篇大論、日記式的遺書大概會很不錯吧！其中要先完整寫出欺負你的傢伙的全名。如此一來，你就可以離開家裡。

不過，即使抵達自殺地點現場，仍必須安排好在半天以內被人發現才行。此時，派得上用場的是友人。

事先偷偷地告知你的去處，讓他四處宣揚：「他該不是去〇〇自殺吧？」在老師及親人急忙趕來之前，你只要在那裡吃著便當慢慢地等待即可。只是，若搜索隊未來，你就真正陷入被逼迫自殺的窘境，因此，唯獨這一點必須拜託可以信賴的友人幫忙。此時，注意不要屢屢有差錯，讓腳從崖邊滑下去一命嗚呼，否則，就算神仙也救不了你的。

如果做到這個地步還引不起社會騷動，讓人們注意你的問題，大人們就不會察覺你們這些弱勢者被欺負的實情。如果大人們知道欺負你之人的種種殘暴、兇狠行爲，那麼，欺負你的那些傢伙們就會吃不了兜著走，這恐怕不是僅僅處分就可了事的吧！

■不明瞭人生的目的

Q 我所上的學校雖是女校，只要成績相當不錯，即使放任自己吊兒啷噹，也可以用免試升學的方式直升大學。因此，學校的課業就算勉勉強強過關，也沒有什麼大問題。但是，每天都窮極無聊。沒有辦法之下我戀愛了，可是被父親叱責：「談戀愛還太早」兩人已分手了。

青春正盛，但我卻不知道究竟該做什麼度日才好？（17歲・高中生・女）

並不是因爲「無可奈何」才去談戀愛，這樣對男孩很說不過去。

基本上，戀愛、性行爲、抽菸、打麻將、嗑藥吸毒、喝酒是未成年時期會隱瞞父母的行爲。就像因爲父母反對所以立刻分手一樣，即使妳說什麼也無濟於事，徒然白費唇舌罷了。你首先必須留心這一點，無論如何先別告訴父母。

最近無論做什麼事都燃不起熱忱的年輕人很多，但像奧姆真理教那樣迷信的宗教團體，似乎可以視爲，他們之所以會那麼跋扈，其中也有這個奇怪的理由。就因爲不瞭解人生的目的，所以才會有「要不要也加入奧姆真理教」的單純念頭吧。而要賦予如此消極且有志一同的夥伴人生的目的，也並不容易。

人會被各種各樣的事物所吸引，而飛奔過去觀察看看，然後只要由這些事物之中取捨自己所喜歡的事物即可，但是，完全不做這些事情，只是每天心不在焉地過日子，諸如此類的情形，妳大可視爲妳的人生已經結束了。我已沒有任何話可以再說的了。

然而，由於感到實在看不過去，因此請讓我說一說一個意見吧！如果要求得到一些忠告，只有教員一職別幹，其他做什麼都可以。如果讓我來說，教員之類的人，幾乎沒有人不瞭解人世間的事理，所以常愛說教。枯燥乏味極了。

可以的話，與其遇見一般認爲能力佳的人，請不如去試著碰上一再極盡放蕩生活之類能力差的人！後者比較有趣，你的人生之中所獲得的東西也較多。你一定知道「水清則魚不棲」的譬喻吧！

儘管如此，如果妳沒有任何有感受的事情，那麼接下來我就教給妳自殺的方法吧……。

■希望加入宗教團體

Q 我的周遭有許多人加入新興的宗教團體。雖從很早以前就曾經常被邀請，但並不十分清楚他們信仰宗教的心態。最近，開始非常瞭解了，無論如何都想要從事宗教活動。我希望入教的，是目前引起社會轟動的宗教團體。雖既無學歷也無什麼傲人之處，但我覺得那個團體似乎可以完成某些革命，改造以往的宗教，令人感到其驚人的魅力。然而，從未在街角勸誘，我並不知道有什麼辦法，要如何做才能入教？雖一度打電話至本部，但總覺得好像被懷疑了，對我問東問西的，然後就沒工夫搭理我了。該怎麼辦才能加入呢？（21歲・自由業・男）

你所說的煩惱，我很不能體會。因加入宗教團體一事而苦惱的人，任何地方都有。大致上，宗教團體每一個人都應該會想加入，而你說「想要加入」，他們應該很高興，一定會讓你加入才是，想必沒有絲毫問題使你苦惱至此啊！

儘管如此，被一向拉攏人的宗教團體所拒絕也是奇怪的事情，可笑極了。與其說被懷疑，不如說懷疑自己打電話的方式是否更有問題，你應檢討一下。

自古以來，迷信的宗教團體就被定論爲「過度偏激」，這一點成爲世間的定理是理所當然的。如果你認爲小集團可能變成大集團，那麼，它在創建期就會變成過度偏激。即使是那個「創價學會」，從前也因過度偏激而使報紙的報導熱鬧過一陣子。

對你來說，問題何在呢？與其說是加入過度偏激的宗教團體，不如說是怎麼去將此事向雙親表白，不是嗎？因爲，你根本無法想像父母會容許加入宗教團體。

雖因爲人有信仰的自由，加入宗教並不是壞事，但在此再三叮嚀，在加入之前應先詳加調查。一旦加入了，有時比賭博的世界更難抽身，一頭栽下去便無以自拔。而且，雖讓你擔任幹部是很不錯的事，但被委任製造劇毒物品的害人東西，就稱不上漂亮，可不是開玩笑的小事。

對宗教表示興趣的人，似乎有其特徵。這包括了認真、沒有朋友、足不出户、非常喜歡神秘事物、喪失人生目標、沒有情人等類型，至少，並不適合於心思細密繁複的人。

一旦從這一點去想像，似乎他們毫不考慮、默默地從事家庭拜訪、傳教的身影，就會浮現出來，成爲眼前的影像。

在這個世界上，就是有追逐著奧姆真理教的宣傳人員上祐的少女。這個世紀末的年代，即使發生什麼事情也非不可思議，沒什麼好大驚小怪的。

從前，宗教的蓬勃發展，也是受到虐待、壓迫的人的自衛策略。藉由宗教的集團化，保護自己這一夥人，不致於受到權力、貧困的影響、擺佈。

然而，現在可不一樣了。宗教變質了，那是人們喪失人生的目標意識的結果。或許是爲了明瞭該將年輕時旺盛的精力用在什麼地方，專注於什麼事物上，人們才會被具有終結、前世、神秘之類强烈意象的世界所吸引，被牽著鼻子走。

聽說最近像妳這樣關心新興宗教的年輕人正在增加中。就是不久以前的事情，我的朋友一走在早稻大學的校園裡，就被十三個學生模樣的男女招呼住。這十三個人，毫無例外地全都是想要勸誘他加入來路不明的宗教團體，令他感到莫名其妙。再者，據他說他們一直賣弄著宇宙所謂能量、根源性能量等等，令人不明白意義的神秘性教義。

喔！人們爲了神秘的事物而拼命地尋求解答，反映著現今的社會現象，或許有其充分的理由。在這方面，妳獨自一人熱衷於宗教活動是妳的自由，悉聽尊便，但唯獨强迫推銷教義請停止吧！

■捨棄一切才得手的他，竟然……

Q 對八年以前在美國留學相識的他，至今仍無法忘懷。當時，與他僅止於接吻的關係，之後，再也無法邂逅像他那樣感覺契合的男孩。想起來，或許是美國的氣氛及年輕，使他看起來比實際更美好也不一定。再來因爲彼此都從大學畢業、就職了，便失去連絡。但是，二年以前擔心起他有什麼事，就緊追不捨地找到他，終於再次見面了。去年如願以償，好不容易與朝思暮想的他結婚了。

以美術設計師爲目標的我，捨棄了這個夢想賭注於他，但現在的婚姻生活卻不一定能說是幸福的。他不見了，那個八年以前的他再也找不到了。爲何常常夢見的他，一當了丈夫就開始無法愛他了？我做錯了嗎？（29歲・家庭主婦・女）

這是常有的事。說起來，這是「過長的青春」的結果，人總是要長大，夢總是要醒，不能永遠沈緬於過去。

忘不了八年以前的那個男孩，想盡辦法找尋他，最後終於結婚的妳，真是了不起。彷彿是某個電影情節一樣。然而，妳只是朝思暮想的時間很長罷了，當因結婚而使想他的心緩和下來時，反彈也很大。就某種意義而言，這是類似憂鬱症的病症。妳之所以對丈夫抱持著理想，描繪著完美的形象，是因爲縱令萬一這男人由於結婚而成爲平凡的人，也不可以責怪他、非難他，那是妳自己的選擇，於是妳得小心翼翼。而且，也因爲人的感情、行動等等經常改變，總是追逐著最美好的事物，以爲最美好的尚未出現。然而爲了愛而作努力，徒勞一場的事情卻大可不必去做。

那麼，該怎麼做才好呢？妳應進行填補心房空隙的「作業」。

妳似乎認爲：藉由與憧憬著的他結婚，就可以克服人生的障礙，度過難關，但是，這種想法正是鑄下大錯的源頭，一切悲劇都由此衍生。真正的戀愛，是從結婚之後開始的。

也就是說，如果妳對丈夫很失望，那麼只要去尋覓新的理想伴侶即可。水性楊花、畸戀、不道德……等等字眼雖很不好，但若細想一下，則這種愛情不能不說是純純的愛。不過，一旦沈浸太深、執迷不悟，也會有玉石俱焚的可能，因此，在處理上必須細心謹慎，小心爲妙。

舉例而言，如果妳交上了年輕的男朋友，讓他作爲妳的情夫，這就是最危險的做法了。如果被他說：「夫人，和先生離婚，和我在一起吧」那妳該怎麼做？最後妳會猶豫不定，不知如何選擇，即使一步踏錯了，也不知道自己已誤入歧途了！而一失足往往會鑄成千古恨。那麼，若說該怎麼選擇對象才好，則偷情的對象也結婚了是最佳的對象。這個對象是有一個左右的孩子，且和妳一樣心裡有出軌念頭的男人，你們老是有做壞事的歹念，覺得偷偷摸摸是最大的刺激。這就對了，你們正是同病相憐呀！

如果彼此互相慰藉，那麼，妳快樂他也會快樂，兩人將有甜蜜的時光。可以的話，或許最好是找個職業性質調職頻繁的男人吧！因爲如果兩人距離得很遙遠，一旦有萬一的變化時就容易分手，時間與空間都會造成你們的隔閡，而當發生問題時，每每都無法收拾。

如果妳厭惡外遇的做法，那就該儘快地生孩子。一旦開始將愛情投注在自己孩子的身上，就應該不會再對丈夫說：「愛情是什麼？」對婚姻充滿了質疑。這也是人世的道理之一。說過「孩子是夫妻的羈絆」的先人真是了不起！有了孩子，你們夫妻的關係就更緊緊地連繫在一起。

不過，如此這般想要向外尋找刺激的念頭，即使才開了頭，若過了一年就要開始毅然決然地死心、放棄。所謂的「看破」、「想開」是上蒼賜給人們的偉大真理。

在這個時候，妳大概會認爲：自己的人生就只是這樣了，一直扮演平凡的家庭主婦吧，感謝上蒼吧！妳畢竟回了頭！

■苦惱於個子矮小的他

Q 聽說，比日本的皇太子身材更高大的雅子太子妃只穿低跟鞋，而我非常瞭解雅子女士的心情。

事實上，我的他身高只有一百六十公分。相較於他，我也有一百七十公分高。雖僅僅是十公分的差距，但他似乎非常介意。拜此之賜，我與他交往之後開始不穿高跟鞋了。

我不但完全不在乎，而且他一開始也不在乎，但是，無意之中我發現他很在乎。即使是一起拍照，他也一定站在我坐位的旁邊，或是站在高一階的地方。

最近對一起走在街上似乎也介意了，不知爲什麼，總覺得他好像連手牽手也嫌惡起來，說道：「還是不要牽手，就這樣。」他不是只因爲身材矮小就連心情也萎縮了，而性格也愈來愈陰沈了吧？就算身材矮小，我還是非常喜歡他呀。爲了他，我該怎麼辦才好呢？（22歲・女上班族・女）

「煩惱身高不夠高，真沒有男性氣概啊！如果有愛她的心，就不會在乎這樣的事情，否則不是很奇怪?!」

「那麼，如果能切斷妳的腳，黏在我的腳上，那十公分左右就相當不錯了。我就心滿意足了嗎？」

「不，這……，我想說的是，心是最重要的，而身高這種東西嘛……」

「如果這裡有泉瓶子及後藤久美子，你希望選哪一個當情人呢？」

「這個嘛，那就選後藤久美子吧！」

儘管說只是一張臉皮的差異，只是從外表上去決定美醜，但畢竟還是美女比較好，這是一定的。即使是十公分的差異，但畢竟還是身材高的比較好。這不是同樣的道理嗎？

是的，誠如他所言。我也認爲還是身材高的人，外表比較好看。

即使是以往被稱爲演歌泰斗的森進一，據說從前也真正苦惱於身材矮。身體上的自卑感，並不是因給予一點點撫慰的話就可以消除的，瞭解這一點的他，才對自己有信心。

舉例而言，既然成爲歌手，若没有「讓自己的歌大受歡迎、大爲暢銷」的念頭，則自卑感將永遠留存著。

即使是有好歌喉的人，如果妳的他既不是有天才般好腦筋的人，又一無才能，那麼剩下的方法只有一項了。那就是增長他的身高。倘若能做得到這樣的事情，那妳還有什麼好

苦惱的？想當然耳，妳將不再苦惱。因此我建議妳：請在他生日那一天送他神秘的長統靴，就是經常在郵購廣告的地方可以看見的那種。

不過，不要一下子就長高太多，以一公分爲單位，花個五年時間讓他慢慢地長高吧！順帶一提，也有一種女性專用的長統鞋跟，可以拿來釘在他鞋跟上。

身材矮並不是不幸的事情，沒什麼大不了的，但是，苦惱著身材矮小，永遠耿耿於懷，那才是真正的大不幸！

■遣辭用句上很囉嗦的父母

Q 在家時及與朋友說話時，我明顯地企圖改變遣辭用句。也就是說，對父母說話必須多費心勞神，小心翼翼的，並不輕鬆。可是，有時被母親聽見我與朋友以電話交談，那些話被逐一詳盡地說給父親聽。為此，我被狠狠地申斥了一頓。順帶一提，我的父親是國文系的教授。父親特別不滿意的，應是我在話語的開頭加上「你說啥？」顯得很不禮貌。若說到我為何如此，則據說這成為一種否定別人的方式。我大概常想否定別人吧！

除此以外，他似乎也很討厭諸如「超○○」啦、「噁心」啦之類的省略話語。但是，那方面的用語有時對我而言是比較容易傳達心情的，他卻……。他說道：「那不是受過正正經經教育的人說的話！」不容許我再說。應如何是好呀？（17歲・高中生・女）

以正確的國語而言，你父親的辯解是正確的，理由也很適當。現代的語言確實紊亂不堪。然而，所謂的紊亂應有其判定的基準。的確，我覺得現代人太少使用世界上已很稀有的表意文字，也不去維護它們。然而，語言是隨著時代一起演變的東西。

語言之中包含了文化內涵，各地有其文化爲背景。這意味著，語言有一個時代、一個地方的樣貌。如果時代變遷、文化變遷，那麼語言也會改變，這是理所當然的結果。

雖也有人希望維護美麗的語言，但這大致上類似於想要維護傳統技藝。說起來，這種心情就像對逝去的事物的懷舊病一樣。

在日本的佐渡島上有一種名叫「齋」的鳥，牠們雖被當作純粹的日本鳥，視爲應予以保護的國寶，但是，牠們確實一直在消失。不過，有人也一直想盡辦法要使牠們不致於滅絕。也就是說，妳的父親是個想要將齋鳥從瀕臨絕種的危機裡拯救出來的人。在這層意義上，妳的父親是個了不起的人！可是，歸根結柢他並未注意到：保護瀕臨絕跡的事物是虛幻而靠不住的抵抗，即使做再多的努力，也不一定抵得過大自然的力量，徒勞無益罷了。

就像「你說啥？」這句話一樣，以語言的節奏去表現感情的高低起伏，自古以來就不是希罕的事情。如此的語言不斷地增加，就正確地傳達情緒、意念而言並非壞事。

其中，「超」字或許也有一天會被認同爲「噁心」、「嘔吐」，那一刻是否會來臨，它們是否會定下來成爲日常用語，那就要期待十年以後的變化了。語言在被使用它的民族認同時，才開始成爲語言，若未被認同，則只有自然消失一途了。

因此，請不要介意「超級噁心」的用語，不斷地說吧！

■皺眉的習慣

Q 這是友人S小姐的習慣。她一有任何一點點不高興的事，就在眉間皺起二條大大的紋路，做出眞的很討厭的表情。一仔細看，連眉間上也呈憂鬱的狀態，情況已嚴重至此一程度。眞是令人害怕、不悅的表情。有什麼辦法可以讓她停止皺眉呢？

（17歲・高中生・女）

如果她老是一副可怕、不稱心如意的表情，那不要來往就行了。

儘管如此，我仍感受到妳千方百計地想要讓她停止皺眉的友情。然而，若從結論來說則並無讓朋友停止壞習慣的方法。要說爲什麼？那是因爲她可能是針對妳而來，妳可以找出原因，看看她是否故意要惹妳討厭、讓妳生氣？原因是不是在於自己？妳最好捫心自問，好好地想一想。

即使再親密的關係，也有該遵守的禮儀。你是不是忘了這一點？舉例來說，與她見面時，你没有强行邀約她吧？或許她其實討厭見到妳也不一定，因爲你强人所難地邀約她，硬是訂下約會。

如果是從她那一方一直積極地說：「見個面吧！」那麼，此時最好小心翼翼地觀察一下。如果好幾次看見她「可怕、不稱心滿意的表情」，那麼她一定也是這麼想，認爲妳擺出一張臭臉，說道：「只要看見妳的臉我就無緣無故地生氣哪，請妳不要隨隨便便地說我是妳的朋友，我才不屑！」她是心裡所想的事情全表現在臉上的類型，你只是未察覺這一點而已。

人這種動物，常在不知不覺之中傷害了別人。對她的情人多嘴多舌、愛管她們兩人的閒事（或許妳不認爲是愛管閒事）啦，或是妳誇耀自己是美女啦，應該必定有什麼妳自身未察覺的問題，得罪了她。儘管妳信上寫著：「她一有一點點不高興的事就皺眉……」問題恐怕仍在妳身上。很遺憾地，不用嘴巴說出問題所在而表現在臉上，或許是她表現最後的友情，不想與妳鬧翻、扯破臉。

請儘快與她分手。否則，你或許將遭到無法再站起來的不合理對待，深受打擊。

■一天去一次便利商店

Q 在我家附近，僅半徑一百公尺以內便有三家便利商店，而我覺得，似乎每天不順便到某一家去瀏覽店內的物品，一天就沒有結束。

即使不買任何東西，我也要一樣一樣地瞟一眼。那並不表示我想要站著看書，也並不表示我肚子餓了。反正一到了半夜，就連我自己也不可思議極了，不知不覺地想到便利商店去，簡直就像被便利商店纏住了一樣，到了完全著魔的地步。我或許多了便利商店中毒症也不一定……。（18歲・落榜高中生・女）

像妳這樣的人，稱爲德萊科拉人。

以往人們在太陽一昇起即起床，太陽一西沈即回家，正如「日出而作，日落而息」這句話所說的，保有與太陽一起行動的習性。但是，最近像妳這樣一到了黑夜就變得活動力旺盛、活潑起來的人開始增加了，成爲新的夜貓族群。這種族群，似乎愈是都會區愈是明顯，而我總覺得這似乎與街燈的普及不無關係。

如果社會變遷，那麼連人們也會隨之進化。就像以前的德萊科拉伯爵（男爵？）一樣，一到了晚上就開始想活動的人，有著被迫的命運。對在白天從事活動的人而言，像德萊科拉伯爵這樣的人，有如「魔女」般的存在，而被視爲異類。

動物具有日行性及夜行性兩種類型。人之所以開始不在夜晚行動，是因爲外敵過多，爲了保護自己不得不然。如果這個原因消失了，那麼性格之中原有的夜行性就會開始抬頭得勢，「德萊科拉人」也就出現了。

現今像妳這樣被便利商店迷住，夜晚徘徊於街頭的人並不稀奇。

便利商店這種行業，正是研究盡人類之後所出現的最尖端企業。妳瞭解自己的習性嗎？妳看，我們一到農村去，不是有像在路燈四周畫著圈圈般的蚊子在不停地飛舞著？牠們轉來轉去一刻不歇，愈是強光，就愈是群聚而來，十分壯觀。如果以路燈來比喻便利商店，妳們這類人就是蚊子了。

即使是人，如果開始在黑暗之中活動，也說不定會具有與蚊子同樣的習性，其證據是，無論哪一家便利商店，店內的照明都應該異常地明亮才是。被這種明亮所吸引過去，像妳這樣的德萊科拉人一個接一個地聚集起來。

這不是很像蚊子一樣嗎？

也就是說，那些便利商店的明亮，正是集合具有蚊子習性的妳們這一群同類的道具！就算不打算買東西，也會不知不覺地想要靠近過去。這是一種有如被隱藏在妳身體之內的本能一般的東西，而妳一看見光亮，這種東西就開始蠢蠢欲動。

在這個不景氣的時代，爲何唯獨便利商店一枝獨秀、急速成長呢？這只能認爲：像妳們這樣的人爆炸性地增加著，促使便利商店興盛繁榮。

但是，苦惱於「便利商店中毒」的妳該怎麼辦才好呢？因爲妳的行動已被編入遺傳因子裡，受到遺傳的影響，所以只是一味地抵抗也是枉然的。最好的辦法是不去介意它。如果無論如何都很在乎，那麼有一個解決辦法，那就是到便利商店去打工！

■電車看起來像是「奔馳的垃圾筒」

Q 大約一年以前，我因某件事情而在晚上過十一點搭乘電車。由於是冬天，且窗户緊閉著的關係，車內充滿了酒精的氣味。

我才一想到醉得幾乎不省人事的醉鬼不知會不會靠到我身旁，他就冷不防地嘔吐起來。其中一滴穢物滴落在我的手背上，我慌忙地用手帕擦拭，但是，接著對處理那條手帕感到棘手，傷透腦筋。我腦海裡一片混亂，拼了命回到家。自那次以後，一看見電車，我的頭就糾結不清，疼痛不已。如果進大學唸書，就非得以電車通學不可，但卻……。我覺得遲早有一天會無法搭乘的日子似乎接近了。該如何是好？（18歲・高中生・女）

因醉鬼嘔吐之類的情況而使人群恐慌、混亂一事，對高中三年級的學生來說，可以說是沒有經驗過的事情，不是嗎？

因爲大部份的人都認爲嘔吐是骯髒的，所以令人很不舒服。嘔吐也稱爲「噁心」，總而言之，只要認爲嘔吐是胸口難受的一種即可，將它視作疾病就是了。

如果妳居然因這種事情而無法搭乘電車，那麼今後就無法從自己的家裡邁出大門一步，出不了門了，這麼一來，豈不坐困愁城?爲了不致於如此，在此傳授妳一種名爲「衝擊療法」的療法。

不勝遺憾地，當妳在電車裡碰到嘔吐的人而要處理穢物時，不要用手帕擦拭，只要慢慢地舔舔黏附在手上的穢物即可。如此一來，可以由此動作產生種種聯想，這應該比起搭乘電車時發呆來得有趣多了。

舉例而言，如果是便宜酒的味道，那麼那人可能是做了數十年仍未退休的普通職員、薪水微薄的上班族，在偏僻地區的小吃店喝了酒，然後說話顛三倒四地回家之類的。或者，如果聞到摻混了白蘭地及關東煮之類特殊的味道，就在新橋的鐵橋附近一帶吃吃關東煮，然後到有女人的風月場所大口喝白蘭地之類的。簡直就像變成了一位小說家一樣，充滿了許許多多的想像，可以寫出曠世鉅作。

我所認識的朋友，聽說有人在每天早上上班之前，會四處尋覓放置在電車月台上的痰盂。痰確實比嘔吐的穢物更骯髒。然而，痰也有各種各樣的形式。有紅痰、青痰、黑痰等等，形形色色不一而足。

就像有人說如果青痰開始攙混夾雜在一起，那麼流行性感冒就會流行起來一樣，聽電車看起來像是「奔馳的垃圾筒」

說，根據痰的顏色就可以多多少少瞭解社會上的情況，知道即將發生什麼事情，難怪有人會每天瞄一眼痰盂的顏色。

據說一旦每天望一下痰盂，親密感就會不由得沸騰起來，在心裡燃燒著，經常會很想用吸管去啜飲。

但是，嘔吐物相較於痰，是無與倫比的乾淨東西，雖因爲混合了胃液的緣故，稍微散發出一點偏酸的氣味，但若細想一下，它只是吃過的東西在胃袋裡被攪拌、被送出來的東西。只要瞧一眼是否在胃袋攪拌或是否使用不生鏽的碗盤的差別，胸口難受想嘔吐的情形就絲毫不足爲奇。

基於即使試著列舉如此似是而非的謬論也毫無辦法的理由，在此爲妳介紹簡單的衝擊療法。

妳既然住在東京，那麼大概知道新宿有一條

歌舞伎町吧。如果去歌舞伎町很强人所難，妳做不到，那麼到附近的繁華街道、熱鬧場所也可以。以歌舞伎町爲例，如果是走路，那麼無論走到哪裡都會有嘔吐物擺著無人管。深夜走在這條街上，不太能前進，因此，或許早上去比較好。

每星期六的早上，試著在這條被嘔吐物所覆蓋的街道上散步。只要信步而行，就一定會踩到一次或二次嘔吐物。很快到，親密感沸騰起來，有時可能還會想要慢慢地舔舔呢！但是，因爲經過一段時間，嘔吐物已開始腐敗了，所以絶對不要去嚐它！否則，妳的性命難保！

改天，妳應該會忘了黏附在手上的一滴嘔吐物等東西。

■希望與年長二十歲的他結婚

Q 我在數年之前還認爲畸戀之類的事情是荒謬絕倫、無可救藥的。但是，進入東京的某家廣告公司之後，最初的一年，我就在秋季的慰勞旅行時被意想不到的人告白，而我並未接受他的求愛。

「我好喜歡妳啊！」

雖僅僅被說了這麼一句，但我難以置信。因爲，他比我大了二十歲之多。雖不是直屬上司，但畢竟是同一公司的人。

「你說什麼呀？」

儘管一開始拒絕了他，但不知爲什麼總覺得放心不下，經常記掛著他，開始交往起來，成爲人們口中所說的「不倫」的關係。性關係約每月發生一次。由於在情侶賓館暴露事跡時很難以應付辯解的場面，因此兩人經常使用城市賓館，以避人耳目。這種程度的男女關係，是社會上常有的模式。但是……。

雖一直打算注意避孕，但仍懷孕了。我有意墮胎。可是他並不想如此做。

「因爲和老婆離婚了，會和妳結婚，所以，希望妳生下孩子。」

我心想他一定是在開玩笑。但是並非如此。

他帶來了離婚協議書，高喊：「這樣我們就雨過天晴，可以結婚了！」則是那之後一個月的事。

可是後來就很辛苦了。父母當然不用說，連周遭的人也因極力反對，而非常不願意原諒我們。一看到他似乎很高興的表情，我就難以說出這樣的話，我很憂鬱。該怎麼辦才好？（22歲・女上班族・女）

愛情是盲目的，像妳這樣選擇有二十歲之多年齡差距的情形，就是盲目的，真是太糟糕了。

首先，應該調查對方的財產。

自古以來，女性就有依賴强勢的男性的傾向。因爲，弱勢的女性具有一種本能的願望，希望藉著男性的金錢及權勢而受到保護（她們是真的很弱嗎？還是其實很强？）。自人類誕生以來即是如此，女性一直依附男性而生存。成爲强勢的男性，無論如何都已年華老大，都是頗有歲數的男性。我雖很想說：「這樣的話，不就行了，他有錢有勢就可以了。」但二十歲的年齡差距，還是會有某些問題。

首先是做愛的次數。男人一過了二十八歲，精力就逐漸地低落。二十八歲以後，則一直循著下降線走，愈來愈沒有精力。尤其是一到了第十年的三十八歲及四十八歲，似乎就急遽地低落。但是，就像一般所謂的「女性直到成爲灰燼爲止」一樣，妳們可以保持精力至最後一刻，即使年紀不斷地增加也不改變，會燃燒殆盡，奉獻全部的精力。也就是說，如果往後經過數年，即使妳想要每週做愛三次，他也無法配合。

妳被稱爲「成熟女性」的時候，丈夫已經步入老年了。如果妳身體有所波動，慾求亢奮起來，就會再度步入不倫之戀一途。雖說如此，這並不表示是壞事。我想妳已體驗過畸戀、偷情的滋味，所以應該很瞭解。

但是，再也沒有像畸戀那麼有刺激性、具緊張感的戀愛，據有人說，那種擔心在心裡撲通撲通地跳，令人受不了。就像也有女人專會發生畸戀一樣，而一旦經驗過一次就無法停止，這便是畸戀的世界。噢！這並不是畸戀的講義，教妳如何外遇，所以一定要在往後進行，一定要期待十年以後，請暫且別做！

十年以後，妳既然已三十二歲，丈夫便是五十二歲了。因爲那時候退休年齡逐漸地降低，所以有時他退休就迫在眼前，屆時，土地、房屋當然不用說，如果包括孩子的教育費用及妳遊玩的金錢，那可能就必須有二、三千萬日圓左右的存款吧。

在此要先忠告妳的是：儘管發生不倫之戀，如果以年輕男人爲對象，那就會花費相當多金錢，妳反而成了倒貼小白臉的富婆。

如果丈夫變得一文不名，那麼妳的將來就很悲慘了。只幹過上班族工作的男人，他退休了，妳也要過生活，妳到那時候得想出辦法養他，也就是說，爲了讓賦閒在家吃白飯的丈夫吃飯，妳會從早到晚忙著出去兼差。

儘管如此，如果妳喜歡，那我也無話可說。建議妳調查丈夫的財產，討厭已無用丈夫的話，就得弄清楚他還有多少錢，爭取自己的權益。倘若委託徵信社去做，常需花費十萬日圓左右，但妳自己也不是辦不到，不妨一試。

必要的調查項目是①對方的存款？②土地、房屋是否爲自己所有？③貸款是否可以在十年以內償還完畢？④婆家的財產。這些關係著丈夫的雙親死亡時他可以得到多少財產。

調查以上各點之後，再作出結論也不遲吧。

■害怕被認為風騷的女孩

Q 我認爲自己是極其普通的女孩，但是，初次見面的自不待言，就連每天見面的人也會誤解我。在學校，我似乎被一些不十分清楚我一切的人當作「愛慕虛榮的女孩」，認爲我好打扮、愛漂亮。

並不是表示我常穿有別緻豹紋的大衣，我連粉紅色的口紅也沒有擦過，也從來沒有染過髮，連我這種茶褐色的頭髮也是與生俱來的，但是……。

就在最近，有人傳出關於我的風聲說：「她就快要讓我碰她，獻身給我呢！」於是詢問了朋友。該怎麼做才能化解誤會呢？（17歲・高中生・女）

或許，妳天生就有一副「風騷小妞」的臉孔吧。對這一點妳只能想開一點，這便是我的結論。

人都有臉孔所帶來的命運，舉例來說，像飯島愛那樣擁有風騷味臉孔的人，即使突然命令她取代小和田雅子太子妃，也不可能辦得到。縱令倒立過來也不可能換一個人。

再者，像片桐葉入那樣的女人，請試著想像一下，當她出現在NHK的晨間新聞時有什麼情況？看了當天節目的視聽者，大概會一整天都心情陰沈鬱悶吧。

還有，臉孔如果不好看甚至醜陋，那麼藉由整形或許可以矯治，但是，臉孔及身體所散發出來的氣氛、感覺，就不是可以那麼輕易地改變。不僅如此，從妳的身體渾身上下會散發出外激素。也就是說，妳被認爲是「風騷的女孩」一事，總而言之，意味著挑起男孩的情慾，這也意味著妳是妖嬈嬌媚、風情萬種的。

僅僅是走在路上，男孩們就頻頻回顧妳，如果因爲妳是對男孩連鼻涕也無法當面擤、也不敢吐唾沫的女孩，那麼只好羨慕又嫉妬妳，妳是個注重形象的人。但是，妳說妳討厭如此拘謹，太辛苦了。

果真如此，只有表現出男人味的舉止了。

首先，在衆人面前毫不在乎地放屁，打大大的哈欠！便當則弄得叮叮噹噹作響，吃飯發出唏哩呼嚕的聲音。

我在高中時代曾看過這樣的女孩。她是一個只要一看就會令人想入非非，那麼具有嬌艶姿色的人，據說，也有一被她打招呼叫住就不禁早洩的男孩。但是，有一天她開始打大大的哈欠，把嘴巴張得好大、吃便當時也像其她的女學生一樣，弄出很大的聲音，她的便當盒不是塑膠製的而是鋁製的，非常堅固，而且吃東西的方式又很不高雅，甚至接近低級，由於經常吃韓國泡菜的關係，只要靠近她一公尺以內，就會聞到嗆人的辛辣氣味，薰死人了。知道這些的男孩，全都失去了想要與她發生關係的念頭，全無興致。

有一句話說：「男人喜好上流的淫蕩，女人喜好下流的淫蕩。」因爲，男人大部份都憧憬高貴或者看起來高貴的女人。向四方撒播天生的「淫蕩」的妳，如果妳被視爲高高在上、趾高氣揚的女孩，那麼不管什麼樣的男孩，大腿之間都一定會變熱，渴望得到高不可攀的妳。

因此，要回答妳令人羨慕又嫉妬的煩惱的，只有一個方法。那就是變成一個任何人都敬而遠之的下流女孩。如果這個方法不行，那就一邊說：「有人說我像松田聖子，不是金髮的男孩可不要！」一邊用手指尖「砰」一聲彈男孩勃起的大腿之間部位，說道：「看哪，好小呀！」可以的話，請用輕視他的聲音喃喃說出，在他耳邊小聲地耳語。「狂妄自大」的女孩終究還是會被男孩所厭惡。

這樣還不行的話，那就學習橫豎法師，剃光頭髮當尼姑去吧！

■同班同學看起來像個乳臭未乾的小鬼

Q 呃……我或許比較成熟吧，相形之下同班的男生看出來出乎意外地幼稚，似乎老是長不大……。如果沒有特別的對象那還好，但最近做了一個奇妙的夢，那是與親生父親做愛的夢。儘管我還是處女，但我一直心想著：初次性經驗最好是與年紀大自己一大把的人……諸如此類。然而，雖說是夢中，但那個對象是父親，這代表……。我想，做了這樣的夢也一定是因爲從不理睬同班男生的緣故。

一旦不儘快搞好與同班男生的關係，和年齡相當的男孩和睦相處，不就會造成很糟糕的情況嗎？可是，他們看起來像個孩子，一副乳臭未乾的模樣，儘管不是非常嚴重，但我總是提不起興致，一點也沒有想認眞地與他們說話的念頭，該怎麼做才能開始變成懂得尊敬同班男生呢？（16歲・高中生・女）

妳說一旦不搞好與同班男生的關係就會導致嚴重的後果，這或許有可能暗指妳與親生父親搞上關係而言吧？或者，妳很擔心有一天惡夢成真，很害怕今後完全交不到男朋友。

我雖明瞭妳說同班同學看起來很小，而想要設法搞好與同班同學的焦慮心情，但坦白說，這是很勉强的。的確，或許是有與同班同學相處融洽的方法，比方說妳想以對「人生是什麼？」、「何謂生命」之類問題有興趣的人爲對象，但是，同班同學卻個個無知乏味，話題淨是插科打諢的笑話。於是，你們怎麼也談不攏，更遑論心靈上的溝通。因此，妳一直配合著他們話題的步調。

女性由於荷爾蒙的關係，發育得比較早熟，妳大概是發育良好吧，因此顯得老成持重。妳所思考的事情與成年的女性完全一樣。這樣的妳，想要尊敬同班的男生根本是不合理的，有點勉强。總有一天同班男生也都會變成大學生，到那時候他們就完全變成大人的樣子，所以妳屆時必然可以開始與同班同學交往。

如果妳身旁有年紀較長的男孩，那麼，妳最好像我所說的多多與比妳大的男孩交往。比較天真幼稚的大學生，年長的男孩應該比較好吧。

想要忠告妳：即使過了二十歲，多多與年長的男孩交往很好，但此時必須多加注意。最近這樣的女孩似乎很多，而偏向於不倫之戀的女性也似乎是這樣的女性居多。

雖不倫之戀快樂的，但這樣也是人生，那樣也是人生，人生應珍惜自己現在所擁有的，也許這才是最好的。

■不明瞭自己的生活方式

Q 今年春天我畢業於女子短期大學，已就業了，我的煩惱或許會被認爲很可笑，但我確實不瞭解自己眞正的性格特質。在工作上我從不胡說八道，且不閒聊、不廢話，連工作也掌握自如、乾脆俐落。如果要說有什麼不滿意，那就是蠻有職業婦女架勢的我，自員工自強活動的一趟旅行回來那一刻起，便完全改變了我在職場的評價。

總覺得似乎是酒改變了我，有時想想到大家的嘲笑，不管對什麼樣奇怪的臉色，我都啞然無言，不以爲意，而大家也逐漸當我是特立獨行的怪物，拜此之賜，「她簡直是雙重人格」、「她根本是怪物」的評價就固定下來。

事實上，並不僅僅如此而已，在感情不錯的朋友面前；在後生晚輩面前；在父母面前；在工作場所以外一起遊玩的朋友的面前，我給人的感覺千變萬化。靈活運用若干個性格特質而生活，我自己逐漸變得無情。即使被問說「爲什麼？」也不明白原因何在。我是自然而然地變成如此。雖想過基本上保持逗人笑的開心果角色，朝此路線發展，但我逐漸地不安起來，擔心眞正的自己何在？會失去自我。（20歲・事務員・女）

世間也有頑固至極的人，這樣的人，縱令世間怎麼改變，其態度仍是一成不變。在另一方面，也有人像妳這樣，配合對方及當場的氣氛，簡直宛如脱掉西服一般地隨時改變。

在稍早以前，像妳這樣的人被稱爲「没有節操」。然而，現在像妳這樣的性格也可以説是一項才能。

妳説自己能絲毫不讓人感受到見風轉舵、如千面女郎般的作爲，這大概表示妳具有超乎演技的天才性才能吧。

倘若就這樣一直繼續地工作下去，像現在這樣的案牘事物工作，將無法完全發揮妳的才能。與其如此，不如嘗試外交工作，更進一步與客户接觸或許會比較好。業務的工作雖也很好，但擁有妳那麼好的才能的人並不多見，所以只是這樣就太可惜了，太浪費人才了。

還有一個方法是，妳可以去做人壽保險推銷之類的工作，爭取第一名的業務。數年以後住在高級住宅區，乘著賓士車四處兜風也不是不可能的呢！抑或活用妳的性格特質，試著創辦宴會場所承包業之類服務生企業，也很有趣。

■任何時候都聽得見下流的話語

Q

我是女子高中的學生。一升上三年級之後，每次上社會課的時間都很憂鬱。前幾天也聽見老師說：

「日本的人口正逐漸在巨大化……」

我不知不覺地面紅耳赤起來。因爲，我聽起來，他好像是在說：

「日本人的陰莖正逐漸在巨大化……」

不僅如此，不知是否我對淫穢、猥褻的話語感覺特別敏銳，爲什麼不是這樣的話語聽起來也是淫穢、猥褻的？阿拉伯數字的「X」或英語的「SIX」、「SOCKS」，也聽成是「SEX」，這還算是最低限度的，有人說「噢，果然如此」時，也聽成不堪入耳的下流話，因爲我聽成「雞姦」，兩個字的日語實在太像了。即使聽了好幾次水果的「山竹」，也聽成「喜歡眞子」，我的名字正是「眞子」，「山竹」與「喜歡眞子」的發音幾乎一模一樣。

我對人難以啓齒的是，我似乎擁有只對下流話才有所反應的特殊耳朵，超級敏感的耳

朵，我是不是變態的色情狂？（17歲・高中生・女）

人多多少少都有性的壓抑，這是人類特有的現象，妳正值青春期，荷爾蒙呈分泌旺盛的狀態，自然而然會對性有好奇心，這並不算是不正常。

從前曾有過這樣的事情，是住在用一片膠合板隔間之類木造公寓的男學生的故事。因爲牆壁是薄木板，所以隔壁的聲音穿過來完全洩露，聽得一清二楚。

每次一以爲不會再聽見發出物體「叩、叩」的聲音，就開始聽見有年輕女人的聲音傳過來：

「哎呀，那個開始堅挺了，快點……」

這個學生說，在這一句話之後就無聲無息了……。

後來，一仔細聽就什麼也沒有，不知隔壁發生了什麼事情。原來，那只是一對夫妻的談話內容，太太在製作甜點用的果凍，因爲開始凝固了，所以叫喚丈夫快點把成形的容器放入容器。儘管他想做那檔子事，但因爲經常壓抑，或是因爲藉著釘在牆上的美女照片自慰，所以只要一聽到活潑生動的聲音，情慾就被挑起了。

儘管妳還不到如此春心大動的地步，但的確對性事懷有強烈的憧憬。妳既然尚未有過初次性經驗，那麼妳有時一定也會一邊想像著心目中的男人，一邊做著夢，夢見自己在湖畔的小木屋附近被溫柔地擁抱著，感到心蕩神馳吧！也就是說，妳對性很飢渴，渴望性愛。十七歲的人無論男或女都是如此。希望被男人所擁抱，但儘管如此，妳卻沒有情人。被「疏離排斥」的並不僅僅是工人而已。妳也被排斥在愛情國度之外。

頭腦良好的妳，認爲赤裸裸地表露出如此本能性的情慾是很害臊的，引以爲恥。妳一定連「性」這個字眼也無法說出口。也就是說，在妳的身體裡强烈的情慾與强烈的理性正在衝撞著，既矛盾又掙扎。

然而，縱令將「山竹」聽成「喜歡真子」，因爲並不是特別的耳鳴或幻聽，所以並不算是疾病。過些日子妳會交上男朋友，如果結婚性事也開始適度地做，那就可以改正這個毛病。現在沒工夫談那麼遠的事，顧不了那麼多，事情沒那麼嚴重。

這樣一來，請高唱「色即是空」，除去煩惱，學習修行僧，實施敬神祈禱時身上灑水以除去不潔的禮儀。總而言之，最好每天早上洗冷水澡！

■與六個男人同時交往，我是不是性格異常呢……

Q 服務於某著名化妝品公司的我，因爲職業的關係，輾轉於許多的大型百貨公司的化妝品專櫃之間，每天都四處奔波，忙碌不堪。

我升上高中之後急速地發育起來，雖自己稱讚有些怪，但不瞞您說，我確實擁有不錯的身材。尤其是對自己模樣美好的胸部很有信心。或許是爲了這個緣故，每次工作場所一改變，就有形形色色的男人來打招呼，想與我搭訕。雖一開始明瞭：「原來我這麼受歡迎呀。」但不知是生活的智慧增長，抑或心懷不軌的壞女人心態在作祟？我開始只與有一定財富的男人交往。

事實上，這正是問題所在。我這個人不知是否爲慾望較深的人，人只要適當地打扮即可，但我做不到這一點，只想有更多錢買東買西，所以現在正與六個男人交往。

但是，我有一點疲累了，爲了與六個男人交往，爲了不重複訂下約會，而好好地拒絕多餘的約會，非常辛苦。星期天等假日，還曾經將一天分成早、午、晚三班，與三個男人約會。可是，我感到連「生理痛，所以今天不行。」或「因爲我母親來東京，這週不能見

面囉。」等藉口也不管用了，擔心會不會在不久洩了底，被揭穿？往後我該怎麼辦？我是不是性格異常？（23歲・女上班族・女）

說得明白一點，妳的確不正常。然而，因爲有了像妳這樣的人，世界才有樂趣。妳的煩惱是，雖想要一直就這樣保持原狀，同時與六個男人交往，但該怎麼做才能善加安排約會，掌握自如呢？問題似乎在於這一點。妳是著名化妝品公司的上班女郎，這一點表示星期六、日應該必定放假，而也意味著，妳都想要與六個對象們在星期六、日約會，以致引起了約會「大塞車」。

因此，首先請在星期日兼差。如果做這樣的事情，那不就無法約會了？當然啦，打工之類的事情可以不用實際去做，它不過是個藉口罷了。總而言之，只要得到對方的諒解，知道妳正在打工即可。譬如說：

「因爲我出身於鄉下，若不打工就沒有飯吃了。」

如果對方反對，那就說：

「那麼，你會養我，給我飯吃嗎？我這個人呀並不奢侈，所以沒問題的。」

不過，再三叮嚀妳一句，注意千萬不要說妳在咖啡館等地方打工。

與6個男人同時交往，我是不是性格異常呢……

如果有一天他說：

「我到妳工作的咖啡店去了，但他們告訴我妳不在哩！」

事情就穿幫了，妳們兩人就完了。而且，萬一男朋友們主動要求說：「我想看看妳的工作場所。」那就糟糕了，妳恐怕會窮於應付。對了！訪問推銷之類的工作還算勉强可以。只要是兩人無法取得連絡的生意買賣，任何行業都可以做。

不過，行動電話雖好，但注意不要帶著攜帶型的隨身電話。因爲，讓六個男人們理解「星期六、日無法輕易地連絡上我喔」，意味著妳要去打工，別讓他們找到妳。

再者，連絡方法也要改變一下。今後妳不可以主動連絡男朋友們。即使有什麼樣重要的事情，也要讓男方主動連絡妳！另外，將妳房間的電話改成電話錄音，別讓他們輕易地連繫上妳！

接著，妳的作戰即展開了。

首先設定如上的情況，然後一直安排約會的「輪班表」，每天有不同的對象。這便是其中要領。縱令妳想著：「昨天馬克，今天約翰，明天喬治或麥可或……」但因爲妳已經掌握了主導權，所以應胸有成竹，知道憑著當時的心情選擇作爲對象的男人。

然而，由於其中有幾個是不太常連絡的男朋友，因此也一定會出現開始懷疑妳的男朋友，心中納悶著：

「她該不會有什麼問題吧？」

這是爲了裝模作樣、擺擺架子。爲了這一刻「也有必要先做好心理準備，認爲最小限度的傷害別人是對得起人，良心上過得去。對有疑惑的男朋友，應該及早斷絕來往。一旦風聲傳到其他的男朋友們耳裡，那就不得了了！

還有，也試著想一想他們偶然在妳的房間撞見對方的時候，將會是什麼情況。舉例而言，A君來妳房間玩，B擔心這件事也到那裡窺探情報。「叮、咚」一聲門鈴響起。在此要先再三叮嚀妳的是，即使搞錯了人，也不可以出去開門說：

「噯喲，是誰來了呀？」

我保證妳一定會看見兩人戰鬥的場面……。

絕對不要發出聲音，躡手躡腳地靠近玄關，首先從門上小洞孔確認來者何人。倘若是不認識的臉孔，就靜悄悄地後退離開玄關，一聲不響佯裝没有人在家。而且，對A君回答說：「討厭吶，又是拉報紙的訂户。」

萬一是對自己的臂力有自信的A，或許就大事不妙了。這樣的時候，可能最好改口說：「來勸誘加入怪異的宗教的。」

另外又再加上這麼一句解釋：

「因爲他們說了一些很有趣的事，所以我打算入教，他們就經常來了囉。」

在此，倘若暫時不發出聲音，就大致没問題了。

不過……，像妳這樣以六個男人爲交往對象的女人，最後男人全都會吃驚於妳的愚蠢透頂，因爲感到妳過於無聊而嚇呆，紛紛逃之夭夭。這便是世間男女交往的模式。或者，妳的神經會疲累至極，窮於應付，妳是哪一種？可以的話，我想三個左右的男朋友會比較不勉强，也比較平安無事，妳認爲如何？

無論如何，我祈禱著妳的幸運。如果今後一年以內可以操控這六個男人，那麼，希望妳一定要告訴我這些經驗談！

■對身材沒有自信

Q 半年以前開始與他在一起，非常幸福。雖經常接吻，很高興，但之後當然就變得淫穢，猥褻了。雖兩人已達到「二壘」的階段，但超過愛撫的程度就……。

若說到原因何在，則是我的腰部太粗、臀部太大、骨骼粗壯。再者，不但毛髮深長而且肚臍突出。而最令人煩惱的是陰部。我那裡左右的大小不一，又滿是皺紋，活像風乾了的橘子皮，很難爲情，根本羞於見人，何況是讓他看。雖有與十分鍾情的他親熱的心情，但一到緊要關頭就成不了事。他似乎一直很焦急，我們已經完蛋了，眞想找某個人商量！

（19歲・大學生・女）

你最大的煩惱是陰部左右不對稱，可是大概沒有人的那個部位是像泰姬瑪哈陵一樣吧（位於印度，左右對稱的廟堂），我真不明白妳拘泥於這種事情的理由。

所謂的「千差萬别」一詞，並不是光用於形容容貌而已。正如每一個人的容貌都不同一樣，陰部也有其擁有主人的「模樣」，有好看的也有不好看的，這稱爲陰部的「個性」。縱令小陰唇從大陰唇是呈突出外部的外形，但正因如此才應該更有趣，另有一番美。

如果妳自己本身以此爲恥，感到難爲情，或者，陷入自我嫌惡身體的醜陋境地，因而提心吊膽的話，最後反而要落得被對方認爲「難纏」的下場。對方終歸會說：

「什麼?!真是討厭的女人呀！」

如果妳說：「我呀！那裡的右邊與左邊大小不一呢。真稀罕吧？」等等，反正，儘管妳說一些令人不明白意義的話，但只要堂而皇之地說出來，這樣就行了。

那麼，妳或許反而會被對方重視，更加珍惜妳：

「我竟然能與如此寶貴的女人交往，真是運氣太好了！」

一件事情但看妳怎麼說，說得巧妙與否結果就大不相同。

「親、親愛的，妳那兒左與右的形狀是不是不同呀?!」

會吃驚之類的男人，是相當未見過世面的傻瓜。如果是這樣大驚小怪的男人，有何留戀，請丟到垃圾箱去！或者……。大致而言，那個地方左右非對稱的人似乎也有人性的敏感度較佳，如果滿是皺褶，那就更好了。爲什麼要認爲這件事難爲情呢?拘泥於這樣的事，妳自己本身才應該感到不好意思。

雖說如此，認爲很難爲情的妳的自卑感，並不是可以輕易地改正過來的。然而，我並沒有打算要妳幹脫衣舞孃的意思，而是想問妳爲什麼非得在男人面前寬衣解帶不可？若他問道：

「可不可以讓我看看妳那個地方？」

則妳將打算做什麼樣的愛呢？在陽光閃爍得很燦爛的原野做也很好，但自古以來，在黑暗裡互相擺弄即是所謂的男女交合。

「因爲我很害臊，請關掉房間的燈。」

如果妳如此說，那不是就可以解決了？

相反地，因這一句話，對方可能認爲妳是個優雅、高尚的女人。如果隱藏缺點，那反而比較好，所以不暴露缺點爲妙，妳的煩惱也可以得到解決。另外，妳自己本身的評價也更加提高了，這正是所謂的一石二鳥之計。

■希望改正他偏食的毛病

Q 比我小一歲的他，是個可怕的「偏食先生」。父母家雖以打漁維生，但他卻幾乎不吃魚類，一碰就有問題，連蔬菜也完全不吃生的，並且對氣味重的食物也覺得厭惡。若說到他所喜歡的食物，則是義大利麵、漢堡及咖哩。如果就這樣一直偏食下去，我眞擔心他會不會早死。因爲我不是他的太太或母親，所以不可能隨時照料他的飲食生活，該怎麼辦才好呢？（19歲・女上班族・女）

偏食確實不利於身體，甚至會傷害身體。然而，儘管是偏食，仍不可妄加斷言人會早死。我所相識的熟人之中，也有只吃肉類的男性，而我絕不會這麼建議他說：「你最好也一起吃吃蔬菜，別只吃肉類。」

「我又不是兔子，只能吃葉子之類的東西！」

他雖已過了四十歲，但在這十年之間未曾吃過蔬菜，似乎以此自豪。不僅如此，他還是個一天吸七十根香菸的老菸槍，當然，酒也喝得不少。雖說如此，他從未曾生病。有益健康的事情一點也不做，但他卻極爲健康。順帶一提，這個「老頭子」最近開始與奉行素食主義的女性交往，而剛一開始之際，他就弄壞了身體，健康狀況大不如前。原因是，據說他開始吃蔬菜之後，下痢就停不了，整天拉肚子，令他痛苦不堪。

我認爲，如果憑著漢堡、義大利麵、咖哩就能擁有健康，那麼，人就不必勉爲其難地吃下討厭的東西。妳嘮嘮叨叨地提醒他別偏食，他卻感到厭煩，是因爲對健康沒有自信，妳的他身體一定沒問題。有時因人而異，一戒菸、戒酒，反而弄壞身體的人也大有人在。這個世界上，最忌諱强迫別人去做某件事，硬逼對方如何如何。

話雖如此，極端的偏食有時大概也很令人傷透腦筋。舉例來說，被邀請至別人家裡做客時，如果主人淨端出妳很討厭的食物，令人無法下箸，那就太不自在了，保證妳感覺受拘束，渾身不舒服。若招致主人抱怨：「什麼？我費盡千辛萬苦做的料理，妳竟然不給我吃一口，太說不過去！」則很可能使雙方的信賴關係產生裂痕，互生嫌隙。爲此，希望妳的他稍微改正一下偏食的毛病。但是，應如何做才好呢？

首先，偏食有兩種類型。分爲一吃之後就很討厭的情形，以及另外一種是，打從未吃以前就討厭，有先入爲主的偏見的情形。兩者都是所謂挑嘴的傢伙。要改正前者，稍微麻煩一些，相較於這種類型的人，後者倒是來得容易多了。

其方法是，即使强迫也要每天吃某種討厭的食物。譬如討厭納豆的人雖很多，但儘管如此，一旦每天都吃，很快就喜歡它，開始常吃它，身體大概也愈來愈習慣這種食物。凡事都是努力最重要，有志者事竟成。

妳說妳的他比妳小一歲，那就是十八歲。這個年紀的人，好惡都很激烈，不是非常喜歡就是非常討厭。妳或許不必如此放在心上。不久之後，他一旦開始一個人過活，就會在轉瞬之間一直改變味覺，令人吃驚於變化的速度。也就是說，他會不斷地順應生活環境的變化而改變自己。

譬如，巴西有一種名爲「菲加打」的料理，我們若在東京吃這種料理，就不感覺那麼好吃。但是，一在亞馬遜河區吃，則覺得是人間至高無上的美味。

再者，人的味覺也隨著年齡而不斷地改變。即使孩童時期喜歡漢堡，一到了中年就會覺得還是傳統的食物比較好。即使喜歡偏鹹的食物，隨著上了年紀，年紀愈大口味就愈淡。因爲，位於人舌頭上的味蕾一直在改變。相較於因偏食本身而引起的害處，因介意偏食一事而引起的害處來得更大。心理上的負擔更有害於身體，所以，不如放輕鬆一些，順其自然即是。

■年輕媽媽的性事

Q 去年春天，我不顧父母的反對結婚，當時才十九歲。在結婚的同時生下一個孩子。丈夫擔任長程卡車的司機，經常出門不在家。

結婚後，約半年的時候，在車站前面的錄影帶出租店偶然與以前交往過的男人重逢。我們兩人仍依戀著對方，在咖啡店聊了許多，就在淨顧著說話之際，他說了一句：「失去妳之後，我好寂寞啊！」

於是，不知不覺地到情侶賓館去了。

像個運動員的丈夫，雖是每天若不行房就不稱心如意的類型，但因爲每週只有二天回家來，所以我總是慾求不滿，無法得到滿足。因爲在這樣的時候碰見了他，所以與以前的男友的性關係極爲新鮮。

事實上，之後我仍瞞著丈夫與他交往。最近甚至還認識了比我小二歲的男人。在丈夫不在的期間，每天與這兩個人享受做愛的樂趣。當然是在白天做，晚上我就規規矩矩地回到公寓，因此，誰也不知道我做了這樣的事情。不消說，丈夫一定認爲我是一個守貞賢淑

的妻子。可是，我提心吊膽著，早晚總有一天會事跡敗露，如果被丈夫知道了，或許就會被殺。

（20歲・家庭主婦・女）

妳雖與丈夫以外的二個男人交往，但又害怕被丈夫知道，妳似乎是個非常貪心的人。如果很討厭提心吊膽著不知哪一天事跡敗露，那麼，只要停止和其他的男人發生關係不就行了。但是，妳並未如此做。爲了不被丈夫知道，妳說很希望還是與二人保持性關係，注意了這一點，恐怕不是妳的真心話吧？

就像我即使告訴松田聖子：「別和外人交往！」也是徒然一樣，一個人想做的事，別人再怎麼阻擾也沒有用，就算我忠告妳：「別和丈夫以外的男人做愛！」妳也會當作耳邊風。這和在魚店說想吃捲心菜是一樣的，沒有人會理我。淫蕩的女人終究還是淫蕩的女人。沒錯，妳是淫蕩的。妳連一刻也無法忍受沒有男人的日子，沒有男人就會導致妳的慾求不滿。也就是說，現在的妳所需要的是「不被丈夫知道的方法。」

因此，在這裡從頭教妳不敗露事跡的方法。丈夫在家的期間，應儘可能地求歡。一面扭動身體，一面逼近丈夫，這一招或許很不錯。對既淫蕩又年輕的妳，應該沒有人禁得住誘惑。如此一來，妳的丈夫會心想：

「我不在的時候，她一定感到相當不滿意吧……」不知道妳之淫蕩的丈夫，打算要更憐惜妳、疼愛妳。

不敗露事跡的方法其二是，可以想見，看起來似乎妳正交往的二個兩人對性方面都有信心，如此一來，也就有可能採用各式各樣的性愛技巧。然而，儘管心情好也絕不可以將這些技巧用在丈夫身上。雖說如此，但如果每次正進行至最高潮當中他都半途而廢，不能令妳心滿意足，不能如想像般地享受性愛。

因此，妳在枕邊對他發出責備、討厭他的「微笑」，甚至不知不覺地使用了主動挑逗的方式，即使令他驚訝，被問說：

「什、什麼！怎麼知道這樣的技巧？」

也只要回答「用微笑看著我」即可。

另外，與丈夫談論社會上的現象、問題時也說道：

「松田聖子那個女人啊，真夠勇敢、真夠大膽哪！」

確實地表現出她令妳愕然的舉止行爲。這是一句意味非常深長的話，也就是說，强烈地訴求「聖子是女人的恥辱」，若無其事地演出妳與聖子是不同的，强調妳是平凡、保守的女人。

然而，無論如何，既然妳與以性爲目的男人交往，那就請賺一些錢。一般的家庭主婦稱這個行爲是「賣春」。妳的丈夫或許薪水確實蠻不錯的，生活不虞匱乏，但如果他做的是一星期只回家二天的工作，那麼說不定有一天會猝死，到另外那個世界去。爲了這樣的時候，存一點錢並不是壞事。

「今後停止與丈夫以外的男人做免費奉送式的愛吧！」——這句話獻給妳。

■對因電腦網路而相認的她著迷不已

Q 儘管電腦網路通信大爲流行，形成風潮，但現今仍是以男性爲中心的世界，在這個領域裡，男性使用者佔了壓倒性的多數，一旦在其中發現女性的名字，那可是不得了的事情，所以男性們全都一個勁兒拼了命地通信，勤勉得渾然忘我。她從一大堆的男性同好之中選擇了我。如果要說那種喜悅，可是難以言喻……。平日害羞靦腆的他，正因爲無法直接見到對方，所以可以輕鬆地談話，能不斷地說出心中想說的話。雖然熱切盼望著想要直接見到她，但一考慮到若令她失望而無法繼續通信，就躊躇不前。是繼續保持原來的關係比較好呢？抑或邀約她出來比較好呢？（16歲・高中生・男）

就像有一個名詞叫「柏拉圖式的愛情」一樣，戀愛有時最好是在幻想、影像的世界裡優游倘佯，談個精神上的戀愛也很不錯。

從前，雜誌上一定都有「徵求筆友」的專欄。你們雖瞧不起，但通信這種遊戲卻一時蔚爲流行。以電腦網路通信不就是筆友通信的現代版嗎？也就是說，你們使用個人電腦的機器通信，傳送電子郵件。有人在學生時代一直通信，一旦長大成人之後，偶然碰巧見到了筆友，又因情投意合而結婚，雖也有這樣的例子，但和這相反的例子也不少。

並不是自我吹噓，我以前也曾和筆友通過信。我在學研的「中一課程」上認識的對象，是住在靜岡縣，名爲小柳美由紀的女孩。在數次通信之後，我曾因爲拿到以最佳姿勢拍攝的照片，覺得模樣很不錯，便將這張照片寄給她了。

對方也寄來了照片。是三個人一起拍攝的照片。信上寫著「我是哪一個呢？你猜猜看。」我一直心想著：「天啊，她不是那個可愛的女孩吧？」但竟然……。噯呀，在見面的當兒，照片裡正中央那個圓滾滾、胖墩墩的女孩就是我的筆友！

「我被騙了！」雖刹那間後悔不已，但已無濟於事。自此以後，我就杜絕了筆友通信，永不再碰。後來過了許久一段時間未見面，而再見到她可令我大吃一驚。天啊，在欽先生的節目上現身的不就是她嗎？

雖對別人來說並不算什麼大不了的事情，但即使對自己說：「別再見面！」心裡仍很想見面，這即是人之常情。如果是這樣，那麼見面之前最好是只交換照片就打住，先看看對方的長相如何，再決定下一步怎麼做。

就算費了一番工夫去見面，有時最後也會落得不歡而散的結局，如果考慮到如此不幸的場面，事前先知道對方的容貌是爲了你好。也有男生在即將與對方見面之前，心想：會不會在正當見到對方之際心臟停止了？於是開口第一句話就是說：「再見！」

如果是任何人都擁有個人電腦的社會，那還算好，但日本仍只對電腦狂熱的人才擁有個人電腦的社會，這一點也是問題。哪裡有問題？原因何在呢？不知爲什麼女生總覺得身邊沒有受歡迎、人緣佳的男生，因此，利用電腦網路的電子郵件通信尋找男生，因爲現在的女生，讓人聯想到如此的印象，所以許多男生也上網路找機會。因爲事實上「雖不中亦不遠矣」，女生上網路的理由差不多，所以也沒辦法阻止女生上網路的熱潮。

另外，若以占卦問卜的陰陽學來說，利用個人電腦尋求人與人的互相接觸一事，成爲「陰」，由於世間是因有「陰」與「陽」而得以和諧圓滿，順利地運轉下去，因此像你們這樣「陰」與「陰」的接觸，只會使人際關係不圓滑、不融洽。而且，如果對方是個美女，大概就沒有閒工夫藉著上網路玩玩吧，會上網路的女生，大都長相不怎麼樣吧?!你雖未說希望對方是女人，但請停止這麼期待。

與其如此，不如利用錄音帶交換彼此的聲音，你覺得如何?只要錄音時請她儘可能地以含情脈脈的聲音說話即可。這麼一來，你的想像就多少膨脹一些，更加美化。

■他的態度因我懷孕而驟變

Q 與同班同學交往已一年，一向那麼注意，卻竟然懷孕了。告訴他這件事，一開始他雖很高興，但接著態度突然改變。儘管兩人商量了各方面的問題，但就在最近前幾天，結果他說了一句：「妳想墮胎嗎？」當時他所說的是：

「因爲一動手術就得花錢，那我可捨不得浪費。」

然後，他踢了我的肚子。事情還不僅止於此。

他甚至說出這樣的混帳話：

「我有了其他的女人。」

之後，因爲被雙方的父母知道了，所以現在正在安排我們結婚，可是，他居然說：

「就算結婚了，我也不打算善待妳，別夢想我會對妳溫柔體貼。我想去拈花惹草時就去拈花惹草！妳管不了我！」

情形就是如此，今後怎麼辦？真是寢食難安。

目前懷孕雖已進入第四個月，但一直有希望生下孩子的念頭，心想是不是墮胎、與他

分手比較好？（21歲・自由工作者・女）

假使因男人踢妳而流產，那就要好好地復仇一番。到那個時候趁機再來重新諮商孩子的問題，我一定會教妳徹底地打倒他的方法。

儘管如此，他畢竟還是一個無可救藥的男人。踢正懷孕的女人肚子是難以原諒的。然而，所幸你尚未結婚，沒有嫁給這個男人，這表示妳仍有機會追尋幸福。會踢女人肚子這樣的男人哪有什麼好，還是趁早分手吧！

也許妳的父母會這麼說：

「第一忍耐、第二忍耐、第三、第四空白，第五忍耐。」

的確，前人的智慧很了不起，但是，這也要視時間及場合而定，人的忍耐是有限度的。

如此這般不像話的男人，世界上多得很，一點也不稀奇，因此，若從我的經驗來說，則約有五％左右。妳不選擇佔大多數的九十五％的正經、認真的男人，卻緊抓住五％人渣般的男人不放，雖然妳也有責任，但妳最好放棄將這一次的教訓已經培養了下一次看男人眼光的想法，死了這條心吧！

但是，妳似乎正迷惑於是否應該和這個垃圾男人結婚？而妳徬徨不知如何是好，也意味著妳有某些期待。

妳可不是正想著：孩子若生下來，難道他不會變成像個有父親樣子的人嗎？在此要先忠告妳，這樣的男人就算死了也改不了的。

再者，他大言不慚地說：「若要動手術就得花錢。」也證明了這個男人沒有錢。也就是說，他既是個窮鬼，性格又不好，是最差勁的男人。這些已經表示他無可救藥了。對如此的男人狂熱、迷戀的妳，應該暫且反省一下。

對人渣般的男人最好立刻斷念。然而，如果打算早晚要墮胎、分手，那麼就應該收拾細軟及金錢再分手，妳大可以帶走值錢、貴重的物品，捲款潛逃。

首先威脅他吧！

「你踢了我的肚子，所以肚子的情況很奇怪，我已經去過醫院了。醫生說如果是這樣，那最好墮胎。都是你的緣故啦！」

然後再進而附加一句：

「因爲已經沒有和你結婚的念頭，請給我慰問賠償金！」

「怎麼了？」

「因爲被你踢了肚子，我的身體已經無法生孩子啦！」

儘管如此，如果對方是個蠻不講理，糾纏不清的男人，那就直接告訴對方的父母，縱令拿不到錢，也一定要斷絕關係。

你若還有腳力，則像他踢妳的肚子一樣，儘量地踢他的下腹部，使出全力給他一點教訓。一邊笑嘻嘻地，一邊對跪在地上的男人這麼說：

「不要再出現在我的面前！」

■肚子裡的胎兒是誰的孩子呢……

Q 我是以新娘大學而為全國所知的女子大學二年級學生。雖這所大學因關係、門路而進來的人很多，但我可不一樣。因為我的雙親是普通的上班族，所以我是憑著實力入學的。可是，要有很好的交際應酬就很辛苦了。一與有錢人家的千金小姐們湊在一起，她們就說：「我們去打網球、高爾夫吧？」於是需要一些錢在身上應付這些交際應酬。

被朋友邀請到銀座的俱樂部打工當女服務生，便是在這個時候。因為那是一個僅僅坐下一個人就要五萬日圓的高級俱樂部，所以客人階層當然也是上等的。日薪雖有一萬五千日圓，對生活不無幫助，但因為我有非常美好的身材，前來求愛的男人不計其數。很快地，有愈來愈親密的三個男人常來捧場，成為我的恩客。

第一個對象是，大型不動產公司的重要幹部（五十歲）

第二個對象是，某電視台的製作人（三十五歲）

第三個對象是，偶爾也在電視上演出的評論家（四十八歲）

條件是一個月約會一次，零用錢是十萬日圓。雖每個星期六、日都浪費掉了，很遺憾，但因爲每個月被對方存入三十萬日圓的款子，所以不能說是浪費。除此之外，也能得到皮包、手錶等等，高價的東西作爲禮物，我一直很滿足。

不過，糟糕的是……。事實上，從不久之前開始身體狀況就怪怪的，我去了醫院，天啊，我居然懷孕了，眞是困擾。我已有訂過婚的情人，可是確實不是他的孩子。不知道是三個人之中誰的孩子。該怎麼辦才好？（19歲・女大學生・女）

僅僅坐下就一下被强索五萬日圓……，因爲會來這種店，所以男人全都擁有金錢或社會地位兩者其中的一項吧？也就是說，你肚子裡小寶寶的爸爸，無論是哪一個都很不妙，一旦被世人知道這件事，就會處於不利立場的人們，因此不可能曝光。

你已有訂過婚的對象，如果肚子裡的小寶寶不是他的孩子，那就只好墮胎了。不過，如果妳的他儘管如此仍無所謂，希望養育這個孩子，那就另當別論了。雖然，如果和未婚夫商量這樣的事情，婚約就會轉而告吹的可能性並非沒有，妳還是應該試一試。

因此，該怎麼辦才好呢？妳居然一個人偷偷地去醫院，真是悲慘。一想到只會享受、只要快樂的男人不知是否會佯裝不知情的表情，妳恐怕要噁心、嘔吐……。遇到這些不負責任的男人，真令妳大傷腦筋。

肚子裡的胎兒是誰的孩子呢……

所以，在去醫院以前這麼轉告三個男人。

「懷了你的孩子，沒有錯的。我非常喜歡孩子，所以無論如何也不能考慮墮胎……。」

最有效的方法是，降低八度音的哭泣聲，男人一定會慌張焦急，再次擔憂苦惱。

妳一邊說道：「對不起，是我錯了。」一邊以感覺似乎心不在焉、言不由衷的樣子顫抖著喉嚨。此時，再附帶追加另一句話：

「可是，一考慮到你的立場，還是不能生哪。雖想要墮胎，但錢……」

雖可以用電話告訴他們，但此時重要的是「時機」。

（或許是生我的孩子也說不定，如此一來，我的社會地位就完蛋了，沒有前途可言了。）

將如此的心理壓力提高至最高點之後，便若

無其事地給他們準備退路。

如果對方知道妳有墮胎的意思，那就該謝天謝地，感謝神的恩惠了。妳或許會因老天爺的幫忙而鬆一口氣。希望妳無論什麼樣的事情也別去墮胎。然而，妳向對方說妳沒有錢。如果可以用金錢去解決事情，那麼他們就應該會認爲：「可沒有那麼便宜的好事，恐怕還有別的麻煩吧……」

如果對方似乎正迷惑著，不知要不要給妳錢，那就請再附加這麼一句：

「這樣的事情一旦被某人知道了，可能就會造成你的困擾，給你添麻煩，所以還是請給我錢去墮胎。」

順帶也這麼說，徹底地保持毫不在乎的態度：

「去醫院之後，想去旅行一陣子……」

也就是說，暗示對方妳將有一次傷心的旅行，而帶著一顆破碎的心獨自去旅行，那是多麼寂寞、可憐，藉以引起對方的同情。

「是、是啊！該去旅行的。去瑞士吧，喔不，倒不如去振奮人心、明亮的墨西哥一帶，這樣或許比較好呢……」

如此一來，包括墮胎費用至少需要一百萬日圓。不不，如果妳在旅行地滯留一個月左右，那麼就得花費二百萬日圓。即使是對方，也可以做這種程度的計算，算得出需要多少錢吧。他們應該會異口同聲地向妳陪罪，不約不同地帶著慰問金奔馳而來，屆時妳就可以大撈一筆了。

倘若一個人帶著二百萬日圓給妳，合計就是六百萬日圓，妳一共有六百萬日圓的額外收入。要如何使用這些錢，可就隨妳的便，愛怎麼花悉聽尊便！當然啦，妳大概會到優生保健的指定醫院墮胎，而在這種地方墮胎的費用便宜多了，這樣的費用，以六百萬來說不過是小意思而已，所以，這表示妳幾乎全部賺到了，根本不用花什麼錢。

與未婚夫一起去海外旅行，那也很不錯。以這筆錢作爲本錢開一家小店，或者，將錢存起來，當作結婚資金也很好吧。

總而言之，妳可以隨心所欲地利用這筆錢，往後完全聽任妳的判斷作主，以妳的喜好決定要做什麼，任憑自己的意志去安排吧！

■喜歡洗臉的他

Q 我的他是一個卡車司機。因爲是長距離的路程，所以巡迴奔波於全國各地，好不容易一星期才能勉強見上一次。見面時，他掛電話來，我先到家門前去迎接他，然後相偕外出，這便是平日的相見模式。但是，幾乎都是在晚上見面，因此去的地方總是情侶賓館，大部份時候一見面就那麼直接去賓館。我雖一直悶不吭聲，但好希望偶爾也能白天在明亮的場所約會……。

我們兩人連吃飯也從未一起共進，也不曾請他帶我去旅行或遊玩。

一進入情侶賓館，就被他催促：「快點脫衣服，因爲沒有時間了！」接著立刻上床。即使我下體沒有完全濕透，不夠潤滑，也會被他塗抹唾沫，進入我的身體。很希望更進一步地營造出氣氛，讓情調好一點，但卻……。然後，最後一定是他洗臉的動作，幾乎已成了固定的模式。在完事之後，他習慣心滿意足地抽一根菸。雖然後來一起進浴室洗澡，但是唯獨這個時候是眞正幸福的。可是，賓館費用往往都是我付的，有時也被他當作搖錢樹，供應金錢的來源。因被他所逼迫與他的朋友來往而深受衝擊，雖在痛苦之後決心分手，但不知是否至今對我仍戀戀不捨，他一直打電話來。是不是不見面比較好呢？抑或，還是應該把話講清楚，請他改正任性自私的毛病比較好呢？我對他也有一點戀戀不捨，仍存有復合的希望，該怎麼改善我們之間的關係？（21歲・公務員・女）

即使再三讀妳的問題，也難以理解。有人說別人永遠無法瞭解懷有過度不滿的人自己對什麼地方懷有不滿？正如這句話所說的，的確一點也不錯，從這封信的字面，我絲毫不明白妳究竟對什麼抱持不滿？

妳不是已經與愛洗臉的男人分手了嗎？或者，因爲妳仍戀戀不捨，所以甚至想對他說希望復合、再續前緣？既然分手了，那不是很好嗎？妳的判斷絕對是正確的，因此不應該考慮太多，想一些無謂的事情。

暫時分手一陣子吧，如果已不再留戀他，這樣就太好了。倘若仍存有依戀之心，那麼復合也不錯。完全聽任妳自己的決定。

儘管如此，像妳這樣對讓女人出賓館費用的男人戀戀不捨，真令人嘖嘖稱奇。妳大概是相當不受男人歡迎的女性吧?!

■她不明瞭性慾是怎麼一回事

Q 與她是自高中時代起就認識的同班同學，從五年以前開始交往。性方面也還算過得去。由於即將論及婚嫁，因此雖有「喔，時機大概到了，可以結婚了！」的心情，但問題是她不瞭解性慾這檔子事。簡單地說，應該是對她的身體已感到厭倦了吧？她實在太不解風情了。是否要一直保持如此的感覺就這樣結婚，這樣做好嗎？至於除了她以外的女性，無論小姐或老太婆，都會產生想要做愛的念頭，但是……，無論如何，唯獨面對她就不行。所幸，她是個清心寡慾的人，所以救了我一命。截至目前爲止雖未被她抱怨過一句，但早晚有一天……。

最近這半年左右幾乎每天都見面，但卻並未與她同床共寢，更遑論做那件事了。因爲這個緣故，我經常拈花惹草，爲了這種事，即使兩人結婚了仍不被原諒也是理所當然的。今後我應如何做才好？（23歲．公司職員．男）

人一定有愈來愈厭倦的事物，無論義大利麵再如何美好，一個人如果每天三餐都吃它且持續一星期，那就不僅噁心，而且想嘔吐。男女的關係也是一樣，假使每天面對面，則早晚有一天終究會感到厭倦。夫妻之間有所謂的倦怠期，便是指如此的厭倦心理而言。通常，結婚之後雖將迎接倦怠期的到來，但你們由於「過長的春天」的關係，連在尚未結婚的期間也面臨了倦怠期，正處於兩人關係的冬天。

儘管如此，雖說你們交往了五年，即使想像她的裸體，連勃起也未發生，照你所說的來看，你的「症狀」似乎相當嚴重。然而，仔細地想一想，你說交往了五年之久，表示你一直感受到她的魅力，不是嗎？

就像自古以來即有「天不會給予人兩種優點」這句話一樣，人也具有「互補」的原則，有一項缺點必有另一項優點來彌補。舉例而言，既然肥胖，爲了想要彌補這項缺點，人就會發揮其他的美德。或者，我們經常聽到這樣的論調：某位美女在床上「很難吃」，根本不是能「下嚥」的東西。你的她也具有恰如其份的美德，因此妳才繼續與她交往達五年之久，不是嗎？現在分手的話，你一定會後悔，到時候再說：「那個女人太好了！」恐怕爲時已晚矣！

雖與她分手再與其他的女人交往也無不可，但儘管以名爲A的其他女人取代她，也一樣會故事重演，在不到五年之內你就會厭膩起來，又想尋找其他的目標。

那麼，爲了絕對不使自己容易厭膩對方，你該如何做是好？你應該去找一位包括知性、美貌、容姿、態度等等，全都符合你理想的女人，找一位一切與你想像中一致的完美女人。然而，實際上這樣的事情並不是那麼簡單，這就像找尋掉落在撒哈拉沙漠的戒指一般的難題。所幸，你不是說你的她坦率直爽嗎？這一點對你來說非常地幸運。

爲什麼？此時你會這麼想：「男人本來就會花心、愛拈花惹草。正式的妻子畢竟還是名正言順的妻子，應該適度地恭敬她，只要藉著餘暇找其他的女人，滿足自己的性慾即可。我的青春仍將會在家門之外持續下去！」

你大概明白了吧？是的，你一定得與她結婚！

倘若你的她是個熱情的女人，那麼或許早晚總有一天你們會因她的痴情而發生齟齬、糾紛不斷，或是其他種種原因而導致她上吊自殺。這將是一樁悲劇。只要一想到這些，你應該可以將自己的妻子視爲理想的女人。儘管如此，如果無法下決心與她結婚，那麼這麼做如何？事情都是要先試一下，看看結果如何？

試著與她分手一次吧！是的，暫且分手三個月左右怎麼樣？一旦分開了，就會愈來愈懷念起她來，覺得她其實也有可愛的地方，不該隨便拋棄她。到那個時候只要再試著考慮一次：要不要與她廝守終生？那不就行了？相信你會有明確的答案的。

■我被強暴了

Q 那是四個月以前的事情。我與朋友兩人在渋谷遊玩，就被數個男人強行帶走，被強暴了。雖因爲在一起的朋友不是處女還好沒有太大的問題，但我是第一次……。現在仍覺得那是一個惡夢，雖想要忘掉，但月經完全沒有來，且又難以向父母啓齒……。噢，我快要發瘋了。（21歲・學生・女）

請在發瘋之前儘速去看醫生。採取對策是接下來的事情。

在此之前，首先你應該捨棄自私自利的念頭。說在一起的朋友不是處女所以還好，而妳是處女所以無法原諒歹徒，這種想法是大錯特錯的。就被強迫要求發生性關係而言，你的朋友也有同樣痛苦的感覺，內心並不好過。單就是否爲處女一事而言，並無法衡量精神損失的程度。

這可不是一齣戲。妳應該在與朋友一同請醫生診斷，拿到診斷書之後，立即送到警察那兒。

但是，社會上有許人因想到一送警方處理、交付審判就得公諸於世的困擾，而躊躇不前，不敢真正付諸行動。然而，實際碰到這種事情不必這麼在乎，乾脆豁出去。舉例而言，妳擔心地說：「不特定的多數人會因審判而坐在法庭的旁聽席嗎？」並非如此。通常，只有妳的父母及一部份的相關人士在場。不過，一被父母知道就很糟糕，這看起來雖很麻煩、棘手，但妳想一想，不如換個角度這麼認爲：被知道、被曝光在父母、親友面前不是更勝過發瘋？妳覺得如何？

儘管如此，倘若擔心世人知道，那就委託徵信社去搜尋兇手如何？只不過，根據調查期間的長短，至少需要花費四十、五十萬左右，妳最好有心理準備。如果沒有錢，那只好拜託警察，交給他們去處理了。

「這可不行！」如果妳連這樣也不同意，覺得很厭惡，就只有自力救濟，憑一己之力去找歹徒了。

妳說在渋谷被强暴，不良少年的可能性很高。這種成群結黨的一夥人，很容易動不動就强暴女孩子，對做這件事並沒有那麼大的罪惡感。因此，他們很可能在强暴妳們之後，也在同樣的地方徘徊打轉，尋找另一個目標。

有鑑於此，妳以一向出現在美國電影裡妓女之類的性感暴露的裝束打扮外出，再一次

選擇渋谷這個充滿了危險度的地方，試著走在街上看看。衣服與肌膚約爲二比八的暴露程度即可。如果強暴了妳們的傢伙還在那附近，看到妳之後，他們會心想著：「是不是可以再幹一次？」應該會靠近過來。

爲了這一刻，妳應事先在手提袋裡藏好擊退色狼的七種道具。譬如噴霧劑、迷眼睛的砂土、警鈴（一拉繩子就發出淒厲的聲音）、附有閃光燈的照相機、打火機、哨子等等。可以的話，穿著像安全靴那樣鞋跟上含有鐵釘的鞋子就更好了。這是爲了萬一緊急的時候，狠狠地痛踢對方的睪丸一頓，這樣就可以擊退對方。

被妳的鐵鞋踢過的傢伙，一定痛不欲生，妳也報了一箭之仇。

至於打火機使用在什麼地方?它並不是爲了

抽菸而準備。它是爲了在使色狼驚恐萬狀，幾乎嚇得半死之後，用這個打火機點火行火炙之刑，燒烤色狼。

如果妳没有如此的膽量，那大概只好委託偵探事務所了。只要確切地敘述妳感到多麼地氣憤、遺憾、難過，有時他們就會以格外廉價的費用爲妳復仇。還有一些話我不能大聲地說，只能悄悄地告訴妳，那就是瞭解妳的遭遇之後，根據時間與場合，用車衝撞對方那些色狼，似乎也有偵探在做。不過，因爲這是犯法的行爲，所以除非妳要他們幫忙妳做，否則他們是不一定會動手的。

當然花一點錢是必要的。如果妳没有錢，那只能拜託父母幫忙，先拿出錢讓妳請偵探。這樣也不行的話，妳就應該拜託朋友牽線介紹，儘可能地透過各種門路，找幾個小流氓，尋求協助。有些不良少年特別富有正義感，看不慣强暴女生的壞蛋，所以應該會來幫忙妳。

「因爲我正在找方那些色狼，要不要我幫妳在暗處給他們一槍？」

世間就有如此喜歡幹暴力性工作的傢伙！妳要善加利用這些血氣方剛、見義勇爲的小混混。復仇要不擇手段！不要未經深思熟慮就想要公開地復仇，妳該不是有此念頭吧？千萬別莽撞，還是找人暗中爲妳出氣吧！

■希望達到性愛的極致

Q 我與目前正在交往的他已進入第五年。由於第一個月就有了親密的肉體關係，兩人全都對性事極有興趣，因此，嘗試了各式各樣的技巧。體位全都研究遍了，可以稱霸一方了，也常去各式各樣的情侶賓館。我們利用郵購買了「搖搖樂」等成人情趣商品，像帶玩具般的帶了一大堆去賓館玩樂。最近，「性虐待狂—性虐待狂」的性遊戲開始大行其道，我似乎也產生希望被虐待的念頭，與他進行著軟性的性遊戲。也體驗過了許多性遊戲的滋味，雖還不到低級、下流的程度，但他經常賣弄、誇示撒尿的模樣，教人感到有點噁心。雖仍想嘗試其他形形色色的性遊戲，但像我們這樣的一對情侶，有所謂的達到極致、感覺非常美好的性愛嗎？（23歲・上班族・女）

窮究妳的邏輯，要回答妳的問題，我的答案就是：想要達到極致、有完美的性愛，最終會變成仰賴藥物的性愛，沒有藥物就沒有高潮。也就是性，如果人類的性愛是追求不可逆性，那麼慾望將永無止境，沒完沒了。

但是，妳雖發下豪語說體位全都由妳主宰，妳可以操控他而居於優勢的地位，但一個頂多二十三歲的大姑娘居然說主導了性關係，這件事本身就是狂妄無知、愚蠢透頂的。雖有一些「十八般武藝」之類的字眼，但這樣的工夫是基本中的基本，一般認爲，實際上應用的「工夫」也包括在內的話，性愛技巧有其十倍之多，無奇不有，妳懂的可能只是一招半式的皮毛而已。

順帶一提，印度的古籍《愛神迦摩・奴隸首陀羅》一書中記載著體位、接吻的方法、咬噬的技巧等種種性交的方法、技巧，妳能斷言有完全精通這些奇技淫巧的自信嗎？像你們兩人這樣的性關係，只不過是最初級、還剛起步的四處愛撫，仍談不上精通的程度。

妳說希望做「達到極致、感覺良好」的愛，這是很勉强的事情，毫無道理。世間也有一句話說：「凡人都有達不到的地方」，但唯獨性是例外，慾望是無窮無盡的。也就是說，達到極致的性愛，並不存在於世間。因此，我對於妳的質問無法作答，很遺憾。

如果妳是說「感覺更棒的性交」，那我還多少可以回答。那就是試一試生個孩子看看。有人說，女人如果生了孩子，性的感受度就會提高，對性更加敏感，更容易享受性愛的快樂。肉體的快樂之中，這似乎是最至高無上的快樂。

不過，關於精神上的快樂我就不清楚了。

■不能見到他的日子就產生幻覺、幻聽

Q 與他交往已有二年。由於學校不同，平日總是在某個地方互相等候，然後一起回家。晚上十一點給我打一通電話，也是他每天的功課。但是，偶爾若有不能見面的日子，也有不打電話的時候。因爲很相信他，並沒有「他是否會花心？」這樣的擔心，可是……，時間愈是一點一滴地過去，就愈覺得似乎心都被揪緊了，難受得不得了。

前幾天，一在家看電視，天啊！他不是出現在電視上嗎？那當然是一種幻覺。另外，只要一個人躺在床上，就會一直聽見行動電話及電話的鈴聲之類的聲音，無法入眠。這都是幻聽。然而，這些都只在見不到他的日子才發生。爲什麼呢？該怎麼辦才好呢？（17歲・高中生・女）

妳們的愛情如此深厚，我只能說令人羡慕又嫉妒。儘管如此，妳說「爲什麼呢？」是怎麼一回事？表示什麼？它大概也意味著無論如何都會如此吧？妳說什麼傻話呀？因爲，妳一直迷戀著他啊！只要妳還愛著他，幻聽、幻覺的情形就會一直持續著。

也就是說，我認爲妳的問題裡也包含了「該怎麼做才能治癒？」的意義，然而，根本完全沒有需要醫治的地方。是不是如此？男人一旦交上了喜歡的情人，走在街上時，所有的女人全都看成他的情人，這是常有的事情。

幻覺、幻聽雖似乎是某種藥物作用於腦部，或者，因心理上的影響而導致腦部呈低氧狀態時引起的病症，但妳的情形則是因思念情人的至誠之心，無法判別現實與夢境所產生的現象。

不過，雖說是幻覺、幻聽，但並不表示妳不明原因地在腦海裡浮現男人的容貌，因爲妳坐在家裡就可以看見心愛的男人容貌，這不是很好嗎？如果妳討厭這種幻覺，那麼只要分手就行了——答案雖很簡單，但妳並不因此而滿足。

因此，我斗膽地回答妳：拍下他活動的影

像，也就是用錄影機拍下他的影像，當開始看得見幻覺時就看那捲錄影帶，妳覺得如何？最近也有取下錄影帶影像放進文字處理機的液晶畫面的機種，所以，只要使用這種機種就完全不會被家人知道，他的模樣就不會曝光了。

另外，獨自一人進入咖啡店時，點二人份的咖啡。當然，妳的他並不存在於那裡，但只要閉起眼睛默唸他的名字，就一定可以開始看見他的影像。試著與看不到的他交談也很好。而看著嘮嘮叨叨地發牢騷的妳，周圍的人們或許會感到毛骨悚然、很不舒服，不知妳爲何一個人自言自語說個沒完，但妳不可以介意這樣的事情。

儘管如此仍未治癒的話，那麼以往就以反方向的「逆向思考」，大大地享受幻覺、幻聽的樂趣。若一口氣使勁地咬緊自己的幸福，仔細地玩味一番，這也是一種趣事。

就這件事而言，若要下結論，則我要說：隨心所欲去做吧！

■她比我年長二十一歲

Q　我二十二歲，是在股票上市企業工作的上班族。事實上，我有一個很希望與她結婚的對象，但是她的年齡今年已四十三歲，與我有二十一歲的差距。

我與她是在某個派對上相識的，第一次對她說想要和她結婚，她也只是笑著說：「啊？像我這樣的老太婆，有哪裡好呢？」

一片眞心卻被認爲我是不是在開玩笑？根本不當作一回事。當然，工作場所裡有許多同一輩、年齡相仿的年輕女性。雖也曾與其中的幾個交往過，但老實說我對年輕女性完全沒有興趣。雖也正正式式地約會了，但並未產生結婚的念頭，毋寧說，心情都很惡劣。

她雖比我大了二十一歲，但在一起就眞正感到一種輕鬆愉快油然而生。現在連她也逐漸地喜歡上我了。可是，周遭的人們當然是極力反對。雖與親近的親人商量過，但他們都說：「好好地想一想十年以後、二十年以後的問題，多考慮一下！」絲毫不肯聽我的辯解，落得被朋友說：「你是不是不正常、心理變態？」的境地。

當然，我尚未與父母商量，因爲被反對是可以預見的結果。該怎麼辦才好？即使我和

她比我年長21歲

她結婚了就沒有問題了嗎？雖也有人說：「你不是看上她的財產，以金錢爲結婚的目標？」但她在十年以前離了婚，那個時候收到作爲贍養費的財產，只有一小間公寓而已，她並沒有財產，當然，也沒有孩子。（22歲・公司職員・男）

在這個世界上，和你相反與自己的年齡相差一倍以上的男性結婚的女性並不罕見，或許是這種情形比比皆是，最近愈來愈不被視爲那麼大的問題。

但是，聽你這樣恰好相反、「逆向操作」的情形正在增加。你憧憬有比自己年長的太太，若追根究底起來，雖不能不說是因爲戀母情結的緣故，但你說想要與比自己大上二十一歲之多的歐巴桑結婚，連我也無法理解。

年齡有差距的男女結婚的時候，考慮各自的性問題也很重要。比方說，如果經過了十年，那麼你的她便是五十三歲。不用說，她的皺紋都很顯眼了，無論再怎麼化妝還是個老太婆。在做了那件事之後一打開燈就吃驚地「哎呀」一聲，也是常有的。這個時候，你會覺得：「還是年輕的女人比較好。」

世間雖有「成熟的女性」一詞，但這個名詞確實說對了，也說得妙。讓人不禁聯想到熟透柿子之四十歲上下的女性，的確很像這種水果，表皮皺巴巴的，既乾澀又不光滑，一點也不好看。若根據傳聞，與成熟女性做愛是至高無上的滋味。明瞭這種至高無上滋味的你，與美食家一樣，你根本看不上與同年齡的女性，發生幼稚、青澀的性關係，也是天經地義的事情。

然而，如果成熟的柿子都掉落了，那就不過是一堆無用的垃圾而已，終究要歸於塵土。儘管如此，如果你可以將她當作柿子而疼惜、憐愛她，那麼至此別人再也無需說三道四，多作囉嗦。人各有志，嗜好各有不同，喜歡的人就是喜歡，別人再也改變不了，所以你們兩人只有在一起，大概也別無他法了。

不過，或許會陷入遭受好奇心旺盛的同事的白眼相待而辭職的窘境，所以，最好先有如此的覺悟，做好心理準備。

因此，首先是說服父母的方法。父母所掛心的是你們的年齡問題。只要你們不告白，年齡問題就不必曝光，你不要說出她真正的年齡即可。

然而，臉上不斷地被刻劃上呼應年齡的皺紋。因爲你愈不在乎她的年齡，她看起來一定愈年輕吧，大概只有三十二、三十三歲吧!?

讓她見父母時，使她的年齡看起來更加年輕一些，假如二十五歲有一點誇張，那二十八歲如何？這是爲了使她年輕一些的訣竅：

①讓她施行除皺紋等美容整形。

②改變髮型，讓外表年輕一些。

③即使是笑的時候，微笑也比大笑好。

④如果有白髮，那就要注意用染髮劑染髮。

⑤將她打馬虎眼、唬人的年齡灌輸進頭腦，謹記在心。即使做錯了，也不要參與附和小樂團如何如何之類的話題，讓不知究竟的她暴露了年齡。因爲，她此時尚未出生呢——她正預備脫胎換骨、改頭換面成爲一個新的人，你最好讓她輸入完全嶄新的歷史，記住自己是個新的人。尤其是看電視時更應注意。即使美黛出現了，也不要說：「她經常唱這首『寒雨曲』嘛！」等等，讓她想起以前年代的人事物。

⑥不要一起去海水浴場、日光浴。因爲只要一去，她身體的鬆垮部位就一下子「曝光」了。

⑦因爲她的人生經驗很豐富，所以很容易不知不覺地說一些有說教意味的事情，必須多加注意。如何佯裝呆呆傻傻，像個蠢蛋，有時也很重要。提醒她這一點。

⑧她應該忽略人壽保險等結婚之前記入年齡一類的文件，忘記實際的年齡。

⑨提醒她與父母面對面時，即使被說：「妳很年輕，但卻是個沈著穩重的人。」也要不慌不忙。告訴她記得要回答：「我從小就被認爲很老成持重呢！」爽朗地接受而毫不介意。縱令她被父母說：「妳只有二十歲左右，但看起來卻顯老。」也要讓她猛烈反駁、堅持己見，推翻父母的話：「不，我經常被看成大個三歲左右。」

這樣還不行的話，那麼，只有吹噓她已經懷孕了，迂迴地欺騙父母，這麼一來，父母或許也許死心，放棄阻止你娶她的念頭，說道：「既然懷了孩子，那也沒辦法囉，只好讓你們結婚了。」

■我的情人是戴耳飾的男人

Q 他雖比我大了二歲，但剛剛由美術學校畢業，目前是個準插畫家。交往即將二年了。我很希望能援助如此的他。雖打算將來結婚，但讓他見了我的父母之後，事情卻搞砸了。

事實上，他戴了耳飾。而這不僅是在耳朵上，他連鼻子上都戴了飾物。看了如此這般模樣的他，我的父親就像被劈頭劈腦地敲了一記頭一樣，差一點沒昏過去。

「我可從未打算過爲了要讓妳和牛結婚而養大了妳！」

不知是否因爲我的父親一直成長於鄉下的舊式家庭，所以非常保守，即使身爲女性的我只在耳朵上戴飾物，也不肯允許我。他辯稱：「給妳四肢健全地生下來，妳卻在身體上打個洞！」一直如此下去，他一定一點也不肯允許我與他結婚。

最近，被他說了一句：「如果想和牛之類的人交往，那就斷絕父女關係！」我該怎麼辦才好呢？（21歲・幫忙家事・女）

妳不能怎麼做，去改變什麼，往後妳也只能變成牛。他如果是公牛，那妳就是母牛了。請變成母牛，脫胎換骨，重新做人。即使父母說些什麼，既然妳連洞都打了，那麼他們大概也不能發牢騷、找毛病了。雖或許妳會被斷絕關係，逐出家門，但在現今的社會，別因斷絕關係而驚慌，沒有那麼嚴重的。儘管多多少少有一些不方便，但有句話不是說道「人生無論何處都有青山」嗎？是的，「此處不留爺，自有留爺處。」「天無絕人之路」。

不過，讓他見父母時，妳大概已强調他是藝術家這件事了吧。

「爲了與藝術家夥伴交往，戴耳飾無論如何都有其必要。身爲一個藝術家，耳飾是如同必需品一般的東西。」

耳飾是身爲藝術家的人爲了提高精神上的水平而必要的東西。妳應該一邊向父母說：「其實他真的不想做戴耳飾之類的事情，可是……」一邊製造妳不喜歡、勉强接受他的氣氛。父母會問說：

「那不是在敷衍人嗎？」

也就是說，妳要讓他們瞭解他非得戴耳飾不可的必然性。

儘管如此，如果被父母抱怨，那就這麼回答：

「其實刺青正在流行，他說道：『如果是以前去刺青就不適合了，現在做正好。』我讓他打消念頭別做，可是只有耳飾沒有辦法不讓他戴，所以就允許他戴囉。」

一般而言，妳父親擔心的是對方男人的收入。以自由業來說，雖聽起來不錯，但收入不穩定，對父親而言很不放心。他會問妳的是：

「這樣的生意買賣可以養家嗎？」

關於這個問題，妳應該介紹他將來會如何地受到矚目、期待的情形：

「雖然他現在很窮困，但一直被期待著將來可能會成爲康定斯基之類的藝術家呢!?」

妳不可以提出畢卡索或梵谷等有名畫家的名字。那聽起來會有撒謊不實的味道。妳的父親不太聽說過名字的著名畫家或許比較好。如此一來，父親應該就會這麼想而接受他了。

「是嗎?我雖不太清楚，但他一定是很有才能吧——」

■我的情人是個男人

Q 在某個聚餐會上認識了「她」，雖聲音有點沙啞，但很酷似我所喜歡的類型。一邀約「她」就立即答應，並告訴我家裡的電話號碼。我高興得跳了起來。

吃了好幾次飯之後，有一天我們終於進了情侶賓館。但是，邀請「她」說：「一起去洗澡吧！」時，不知爲何她卻無緣無故地覺得害臊，搖頭拒絕了。即使上了床，「她」也說：「關掉房間全部的燈。」令人覺得「她」是那麼容易害臊的人。我一想到「她多麼可笑啊！」就不由得抱緊了「她」。

我的下腹部有「天哪！」的可怕感覺，就是在那個時候。「咦，是什麼東西呀？」我納悶著。在不慌忙地打開燈的一瞬間，我的腦海裡變成一片空白。

噯呀！「她」的鼠蹊部之間不是正垂吊著男性的陰莖嗎?!這麼說來，連鼻子下方附近也有薄薄一層的鬍鬚……。

怪不得「她」非常瞭解男性的心理。我驚慌失措地逃走了。我雖說過：「我不討厭同性戀。」但「她」（不，應該說是他吧？）卻糾纏不休。最近有時還會在我通勤途中守候

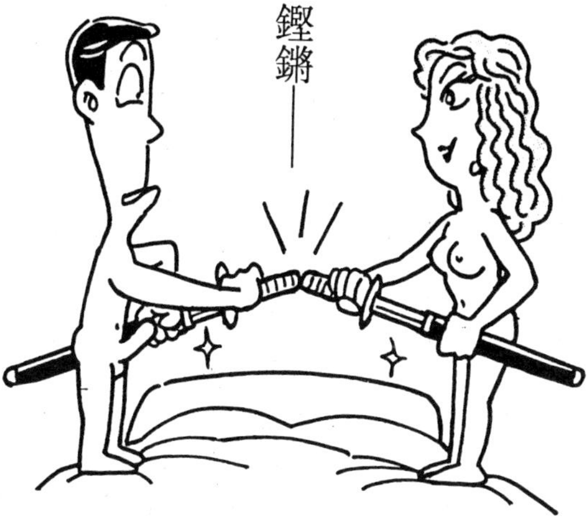

我。我聽說同性戀的嫉妒心很令人害怕？你聽說過嗎？沒有方法可以勉強應付「她」，躲開「她」嗎？（21歲・公司職員・男）

這麼一來，你也只有偏向於同性戀了。我想從今以後你的人生將奉獻給同性戀，請就這樣邁進同性戀的道路。無論是插入的一方或被插入的一方都心情愉快，不就是同性戀的過程？

可以獲得與女性對象在一起時無法品嚐到的最高滋味，便是同性戀的過程。它一定也會改變你的人生吧！

如果迷惑而不知如何是好？那是徒勞無益的事情，只會白白浪費時間而已。你沒有必要因如此的事情而苦惱。同性戀在世界是常見的事情。還有一個方法是服用「使用雙刀」。瞧，請看看

M·K先生與M·M先生的例子。

爲什麼「使用兩刀」很好呢?因爲，所謂的「使用雙刀」是一種藥物，這種東西只要一粒就令人回味無窮，想再度品嚐。如果男、女全都開始勃起，那麼人生將會有以往二倍以上的快樂。尤其是肌膚與肌膚互相緊貼黏附在一起之盛夏的客滿電車裡，效果更是無與倫比，達到最高點。在公司上班就變成一件樂事。

在銀座的俱樂部喝酒也很快樂。去同性戀酒吧也很快樂。去公共澡堂也很快樂。歡喜突然湧出，源綿不絕!人生與其孤獨一人，埋藏一輩子的快樂，不如還是兩人厮守共度，這樣不是比較快樂嗎?

請再次回顧人類的歷史，希臘時代等，據說同性戀者是理所當然、再普遍不過的事情。這種情形在歐洲基督教很普及，但在亞洲儒教較普及的緣故，同性戀反而成爲見不得陽光的人。儘管你們是同性戀者，但這絕不是可恥、見不得人的事情……。

至於我，唯獨同性戀這條路我可不走……。

■喜歡女性服裝的他

Q 我的他有一個怪異的興趣。我因朋友的介紹而認識，並已介紹了彼此的父母認識，目前是公開的關係。雖想要在最近之內結婚，但有一天去他的公寓玩，從那一刻開始，我就有某種不祥的預感。

那是我偶然在他外出期間想爲他打掃房間，而在收拾東西的時候。我在他西式五斗櫃的深處，發現了女性的內衣褲，我懷疑起來：「他一定是有其他的女人，不是嗎？」這大概是理所當然的疑問吧？儘管我難過得說出話來，內心氣憤至極，但當時並未盤問他。因爲，我打算找到他「偷情」的現場，讓他無法辯解。

有一天，當我連電話也不打就打開了他房間的門時，在那一刻我見到的是……。

一向認爲他很有男子氣概的他，穿著絲織的禮服，坐在像艾瑪妮埃爾夫人所使用的那一類籐椅上，而且，手及腳的指甲全都修過了。

當場他賠罪說：「對不起！」跪下來向我說明有關這個怪異的興趣的一切。想起來，他一點也沒有加害其他人的意念，並未造成別人的危險或傷害，所以我原諒了他。把這

種事說成好事，讓他堂而皇之地穿上女裝。與這樣的他結婚，是不是會眞的和諧美滿呢？還是……。（22歲・上班族・女）

非常類似的事情在最近的藝能界也發生過。那是一個某女演員的結婚對象喜歡女性服裝的事件。雖有一部份人認爲他們兩人是因這個原因而離婚，但其實卻不是如此。這位女演員已十分清楚丈夫的「興趣」是女性的服裝，所以似乎並不是那麼大的問題。毋寧說，問題似乎是在經濟上，或是家人的角色上。

就此意義而言，無論如何我要先聲明一點：喜歡女性服裝的興趣並不會成爲婚姻生活的障礙。

妳不如乾脆地讓他去做，而妳也試著品嚐一

下男裝趣味的樂趣，如何？或許會出乎意料地有趣，而且說不定世界觀也隨之改變。凡事都要嚐試過了才知道個中滋味。

他之所以想要穿著女裝，是因爲潛意識裡隱藏著想要變成女性的意念，而雖不是同性戀者，卻有希望依賴男性的願望。

因此，我要詢問的是：妳是什麼類型的女性？如果是有男性傾向，或是像所謂的職業婦女一樣，一向與男性同樣緊張而積極地做事，表現自如而幹練的那一類型，那麼，你們便是最佳的組合，兩人可以搭配得天衣無縫。請務必與喜歡穿著女裝的他結婚。在擁有新的家庭時，只要使各自的立場逆轉過來，分別扮演好自己的角色即可。

就一般的家庭而言，雖通常是丈夫在外面工作，但妳負起了這個主外的角色。相反地，請他擔任所謂的「專業家庭主夫」的主內角色。如此一來，妳不但打開了新的世界，不再侷限於窄小的廚房，而且，他也獲得更大的滿足感。一切都可以圓滿解決，有一個美好的結局。這正是逆轉兩人角色的構想。

可能的話，請儘早生個孩子。倘若是女孩，那是再好不過了。而他的女裝趣味被發揮至最大極限的，便是在這個時候。妳的女兒大概會被打扮得像個公主一樣。

■在男女交往時囉嗦得近乎異常的父親

Q 我目前是上女子學校的學生。事實上，我的父親對有關男女交往的事情很囉嗦，有時到了異常的程度，令人十分厭煩。很不幸地，父親在的時候，如果男朋友掛來電話那就大事不妙了。父親會搶走我的電話，向他說教：「你和我女兒交往？有什麼打算？」而爲了調查我從家裡的電話打到哪裡去？他最近正想要請求NTT公司每次列出受話者那一方的名單。只要一有他不知道的電話號碼，就糾纏不休地不停問我：「這是誰的電話?!」我若答不出來，父親便任意地打那個電話號碼，嘮嘮叨叨地說個不停，好像非要問個明白不可似的，因此，託他的福，男朋友全都逃之夭夭，而且似乎大家都聽說了這樣的風聲，知道我有一個這樣的父親，就小心翼翼不再靠近我了。我已經厭煩透了，該怎麼做才能說服父親呢？（17歲・高中生・女）

請在妳與妳的他之間設置一個轉播站，專門轉接你們兩人的訊息。妳一定有一個朋友可以勝任此一工作，姑且稱她爲B小姐吧。與他連絡時，只要讓這位B小姐轉接即可。

如果這樣做很麻煩，那麼，因爲現在已有行動電話、個人電腦（ＰＨＳ）等便利的機器，所以應多加利用。

還有另個更加隱密、不致於曝光的方法。那就是電子郵件。透過網路傳送你們兩人的訊息。我雖不曉得妳的父親幾歲，但對一個差不多接近中年的叔叔輩的人而言，一輩子與個人電腦攀不上關係、無緣學習的人很多。即使他可以瞭解文字處理機程度的機器，但一碰到個人電腦，如果頭腦固執一點，稍微有老頭子的頑固的想法，那他就無法瞭解了。因爲最近似乎連學校也正在實施個人電腦教育，所以，好好地巴結一下父親，讓他買個人電腦吧！

或者，培養妳的他成爲班上的「秀才」，功課數一數二，有不懂的地方，就一邊說：「如果是〇〇，或許懂這個問題。」一邊打電話，假裝要問問看他會不會解答。只要在父母面前讓他們看他二、三次的實際成績，父母就必定會相信妳。世界上的父母，都認定不會唸書的人大概是壞傢伙，所以他們都很單純。

事到如今，說服父親的工作只是浪費時間而已，與其說服他讓你們交往，不如考慮如何才能不曝光地與他秘密連絡，這樣還較快成功。

■因情書而失戀

Q 我失戀了！對方是同班同學且自小便熟識，可以說是青梅竹馬的一對。現在雖不同學校，但他這個人外表蠻稱頭的，挺有人緣，在女孩子之間尤其吃香。兩人開始經常單獨見面雖是去年冬天起的事情，但由於他對我非常溫柔體貼，所以心想他一點也不討厭我……，沒想到寄了情書給他，竟然……，天哪！他的朋友這麼告訴我：他在讀那封信的瞬間大叫了一聲：「好討厭這樣的女孩，自作多情！」眞是殘酷……。（17歲・學生・女）

從上面的話推察，可以想見妳似乎是快言快語、說錯話的人，總覺得妳看起來藏不住話，也太容易相信別人的話。妳的情人真的大叫了「好討厭」嗎？傳言大部份都是靠不住的。妳所指的傳話給妳的「他的朋友」，究竟是女的還是男的？

如果是女的，那就可以考慮她是嫉妒妳與妳的男朋友的關係，爲了使你們失和而作此安排。或許，那個女孩一直偷偷地戀慕著妳的男朋友也說不定。

或者，如果是男的，那表示他對妳有好感。一定是如此。或許這是個爲了企圖分裂妳

與他之關係的一種謀略，使你們不和睦，他就達到目的了。

人生是一刻也不能掉以輕心的，如果因刹那間的疏忽而造成遺憾，那就不妙了，所以妳要謹慎地處理。

那麼，如果不幸猜中了最壞的設想，也就是他讀了妳的情書，真的大叫「好討厭！」的話，爲了讓他回頭再眷顧妳，該如何做才好？妳的煩惱似乎就在這裡。

從結論來說，想要一朝一夕挽回他是很勉强的，請考慮以更長的時間去進行此事。

但是，妳似乎認爲是因寄出情書而被拒絕了，果真如此嗎？倘若是從前的人們，則無論如何，大抵都會因情書而左右愛情，因信裡的一句話而感動對方，改變了情勢，或者挽回了局面。

但很對不起，最近從未聽說這樣的事情。藉由情書而讓對方有好感，是非常困難的。就連那位野口英世先生也一樣要遭受挫折。他儘管寫了數十封情書，但最後没有寄出就告終了。

如果怎麼都想寫情書給他，那麼，我來介紹可以作爲參考的寫法吧！辭彙豐富的人自然另當別論。情書，內容最好是儘量地簡短。在加深對方印象上，短的文章反而比較有效果。倘若妳没有自信，那就借用華滋華斯等人的抒情詩中的一節，也是一個方法。

無論如何，情書最好不要隨便、胡亂地寫。它是暴露妳的智慧、知識、本性等部份的東西。不過，妳若有自信能寫得好就另當別論了。

姑且不論妳所寫的情書內容如何，但很有可能的是，很抱歉，在妳寫情書之前妳已被拒於門外，碰了大釘子。他或許只是爲了不傷害妳、才保護妳，也未可知呢?!也就是說，妳不過是一廂情願的單戀罷了。

儘管如此，並不意味著妳没有機會。妳還是十七歲的少女，因此，若畢業了就逐漸地整形如何?爲此，妳應該詳細地獲取他所喜歡之女性類型的情報。

然後，每一年必定一次突然地晃過他的眼前，譬如夏天在他眼前閃現，兩人四目交觸，驚鴻一瞥。如此一來，他應該會注意到：妳的容貌正一點一點地改變。

「噢，妳高中畢業之後逐漸地變得嬌媚，愈來愈有女人味了呢！」

一旦被這麼認爲，那就太好了，正合妳的心意！倘若他開口說話了，向妳打招呼，妳可以這麼說：

「女人的美麗是從十九歲開始的哦！」

不久之後當自己的整形做得完善時，便堂而皇之地出現在他面前。不過，在這一段期間應該有交往過卻分手了的女人。妳出現的時機，以他失戀之後不久最有效果。不可以忽略時機的重要性。

爲此，也有必要經常與和他關係良好、感情融洽的朋友保持聯絡，事先鋪好路。然而，到那個時候妳可能已得到其他更加優秀的男人吧……。

雖然一般人往往認爲，愛情可以輕易地獲得，但出乎意料地，它是相當耗時費力且揮灑金錢的東西。

■畸戀說穿了還是畸戀

Q

我有意中人，是打工處的店長。他二十四歲，比我大三歲，但他已有太太及二歲的女兒。某一天，店裡打烊了之後，我一下決心向他告白，他就說：

「我知道吶，我也喜歡妳呢！」

然後抱緊了我。我一說：

「可是很對不起你太太。」

就被他說：

「因爲她懷了孩子，沒辦法才結婚，那是萬不得已的。如果早一點遇見妳，我想一定會和妳結婚。」

兩人就這樣進了情侶賓館。

現在，以每週三次的頻率做愛。事實上，發生不倫之戀這並非第一次。高一的時候我就有一段畸戀，對象是學校的老師。

那個時候，在第四個月被師母知道了，被她揍了一頓，造成非常大的騷動。爲此，師母變成精神官能症患者，事情的經過大致是如此。我感到難卸責任，決心不再破壞別人的家庭，但卻……。

現在的他雖很小心謹愼不被太太知道，但正如「有一次就有第二次」這句話一樣，我擔心著是否早晚有一天會曝光？但是，我已絲毫不去想如何做，只想愛他，離不開他。就一直這樣下去好嗎？（21歲・自由工作者・女）

無論好或壞，妳不是說離不開他嗎？妳之所以來訴說如此的煩惱，大抵是因爲希望自己的立場得到認同。這麼一來，我只能如此說：

「不好喲。這樣下去是不行的！」

然而，你必須研究透徹不被他太太知道的方法才行。

其一，我想你們大該經常夜宿於飯店吧？決定洗澡時，應該不用香皂。這是不倫之戀的常識。清洗身體時只用水洗，使用香皂只在清洗私處時才用。女性對氣味很敏感的，工作完畢回來之後從丈夫的身體一直散發出香皂的味道，就完全無法辯解了。

其二，儘管不利用自己的房間約會，也應該不交給對方另配的副鑰匙。房間的鑰匙，一從形狀去看大部份就知道哪一個門的鑰匙。被他太太知道他有妳的鑰匙時，他恐怕就說也說不清，難以解釋了。

其三，如果妳一個人住在公寓裡，那大概經常會有男人來玩，也會使用妳屋裡的蓮蓬頭洗頭髮。爲了這樣的時候，應該事先準備好一套與他在家一向使用的洗髮精。

其四，我想妳也曾經打電話到男方家裡吧？縱令是在對方太太在家的時候，也絕不要慌張。

假裝打錯電話的樣子，問說：

「請問是〇〇先生府上嗎？」

就切斷電話，會形成被懷疑的原因。女性的直覺很敏銳，是男性的數倍。妳應該考慮萬一的種種情況，在打電話之前先想好腳本、台詞。譬如說：

「我們目前正在進行羽毛被的大拍賣，想請太太……」

趕緊心細地改換成僞造的推銷電話，而對方一定會如此回答：

「我現在很忙，但儘量趕上特價期。」

果真如此，便表示妳可以放心了，可以切掉電話了。

其五，搭了他的車子以後一定要洗車。妳問爲什麼？我雖不知道妳的髮型是什麼樣子的，但我可知道，就男人的頭髮和女人的頭髮而言，長度、粗細全都不同。也就是說，如果女人的頭髮掉落在駕駛旁的座位，那當然會被覺得可疑。這是萬萬不可的！如果他有二輛車，一輛是和妳在一起時用的車，一輛是家人用的車，那就另當別論。但是，如果被他的太太發現、被盤問，那就很有可能陷入非得招供認罪不可的境地了。

其六，不消說，當你們一起旅行、夜宿外地時，不可以將當地的火柴盒帶回來。不倫之戀應該摒棄如此的窮酸性格，因貪小便宜而誤了大事。

其七，我雖瞭解妳喜好性事，但過於積極的性關係，尤其是不正常的做愛體位，都不應該强索，硬迫對方滿足妳。男性的性慾也有改變的時候。最終這種情形會變得理所當然，除非他已不再要求太太燕好，否則你們兩人大膽的性交姿勢會完全曝露在她太太面前，因爲他會忘記做愛的對象是誰。

其八，不應該送多餘的禮物。的確，我雖不必瞭解妳希望在他生日或你們的某個紀念日送禮物的心情，但我知道，唐突的禮物是麻煩的源頭。收到來自喜愛的對象所送的禮物，即使是男性也不能丟掉，更何況是女人。帶回家或偷偷地藏在抽屜等地方，一被發現，就無法解釋清楚了。禮物唯獨以身體相贈是最好的。

那麼，在此祈禱妳好自爲之，最好跳脫此種畸戀。

■因為從未有過親密關係

Q 就在最近，被交往過三個月的大學一年級的他說：「我們分手吧！」說起來是他先主動向我表白心意我們才交往的，但卻……。

他在明年春天起將到美國留學，打算四年以內不回日本。因爲暫時有好一段時間看不到他，所以儘管想在此之前發生關係，但我以「還沒有結婚之前不可以」爲藉口，三番兩次地拒絕他。如此一來，他似乎已和別的女孩子發生關係，說要和我分手。男孩子是不是認爲讓他做親密動作，奉獻身體給他的女孩子比較好呢？（19歲・學生・女）

這很顯然是妳的不對。被甩是理所當然的事情。

說起來，由於妳捨不得奉獻出自己第一次的關係，男人終究是在乎肉體關係的，被男人說「分手吧！」而且被甩，是很難看的，妳怎麼受得了呀?!

十幾歲、二十幾歲這個年紀，精力（性慾？）正高漲著急於宣洩。男性即使是僅僅碰觸到女性的頭髮，陰莖也會豎立起來，好像要跳躍似的，偶爾違反自己的意志而早洩，也是常有的。如果兩人未破鏡重圓、言歸於好，那麼他的右手（或者左手）就會變成「上帝之手」，一般人將這個手部動作稱爲手淫。

要手淫，他非得想像能勾起自己情慾的美女不可，就某種意義而言，不能不說是智慧、知性的手部運動，但是，不消說僅僅是手淫畢竟仍是不太夠的。在女人柔和的肌膚之中一邊血脈賁張一邊射精，是最舒服、欲仙欲死的感覺，這一點是毋庸贅言的。

另外，性愛之中有性交及情交的分別，做愛之後也憐愛疼惜起對方來，是因爲有精神上的交流的緣故。不過，年輕時候的男男女女都只追求性交，而忽略了感情的培養……。

當妳質問他：「爲什麼要分手？」

「傻瓜，因爲妳不讓我做那件事，不給我嘛！」他的回答是如此。

至此，妳該明白男人說拜拜的理由了吧。然而，悲觀還太早了，妳仍有希望。讓他打消分手念頭的方法只有一個。

他之所以離開妳，妳應該明白是因爲妳拒絕做愛。那麼，現在只要立刻和他做愛就行了嗎？這樣的事情只是徒勞無益而已。男人可能連嚐過的味道都會忘掉，更何況是有過肌膚之親的女人？因此，需要用一點計策套住他。

妳的男人將啓程至美國，暫時不回日本。因此，妳最好讓他對和妳之間的親密關係印象深刻，永難忘懷。這一招在他離開日本出發至美國的最後一夜，是再好不過的。場所雖在成田機場附近也可以，但最好在選擇飯店的蜜月套房。爲了這個時刻，妳就算傾囊而出用罄存款，也要演出盡善盡美的自己。舉例來說，試著隨身帶著使男人的心發癢的內衣褲。不過，注要成爲一個娼婦，過於淫蕩。我雖不知道實際上如何，但妳終究仍是處女，應多保護自己，珍惜自己。

男人是一種單純的動物，對不奉獻自己處女貞操的女性，永遠也不會多所留戀。他離開了日本之後，這種感覺尤其强烈。

往後再打國際電話也很好。或者，以非常廉價的機票飛往美國，與他共渡暑假、春假，大概也不錯。記取這次的教訓，今後即使交上了新的情人，如能託付終身，不要再吝惜於付出貞操亦無妨。

■想要有感覺舒服的性關係

Q 我畢業於短期大學，進了公司之後在公司裡認識了他，交往已經三年。兩人對做愛這檔子事都是第一次經驗的「同志」。與他經常做愛，發生過數不盡的關係，但我卻從未一次感到舒服。

儘管知道那兒已濕透了，但他總是在一句：「舒服一點了嗎？」就結束了，只是點到爲止的程度，並未顧及我的感覺。這一點我當然對他說不出口，還得表演叫床叫得很大聲，好像很舒服似的，並讓他仰面朝天呼呼大睡。一問朋友，她們都說：「做那件事讓人舒服得想要哭泣。」或者：「感覺好像快要神志昏迷、不省人事一般，就是欲仙欲死的境界啦！」

但是，我什麼事都絲毫不知道，從未眞正享受做愛的愉悅。即使是做愛的姿勢，一採肛交的體位從背後插入，腹部附近就疼痛起來。

因爲準備與他結婚，所以也曾介紹父母認識他，但是我還是很不放心，擔心著以後的性生活。一想到如果就這樣與他在一起，不知我是否一輩子都不識舒服的做愛滋味，而只有痛苦，就此了結一生？因此我老是下不了決心結婚。老實説，我很想有感覺舒服、留下美好感覺的性生活……。（24歲・上班族・女）

妳似乎正苦惱於「無法做到感覺舒服的性關係」，首先，試著想一想其中原因何在。從妳的質問來看，可以考慮兩個理由。

其一，妳應該是所謂的冷感症。其二，現在的他對性事仍懵懂無知，技巧也非常拙劣。

如果妳是第一種情況，那麼只要看看妳的發問內容，就會不由得認爲，妳似乎是僅僅單純的性關係，仍無法滿足的類型。

因此，凡事不妨嘗試一下，才知道效果。試一試做做「虐待狂—被虐待狂」的遊戲如何？換個變化也不錯的。或者，讓男人扮演幼兒之類的角色，或許尋找一下自己最有感覺的做愛方法也很好，都可以一試。

自古以來常言便道：「女人憑著感覺行事。」如果調整精神上的環境、狀況、角色等等，那麼，妳的苦惱也許就會出乎意料輕易地解決。

或者，妳可能是一輩子可以不做愛的類型。先天上的冷感症即是如此。這個時候，就

不必勉強去做愛。性事並不是遊戲，應該想通而認爲它是爲了「製造」孩子、繁衍下一代的一種手段。

如果這樣還說很傷腦筋，難以應付，那麼，參考錄影帶之類的視聽「教材」，試著學習高潮時的演技，如此一來，有時氣氛就會提高、熱絡。

無論如何，不必那麼擔心。大抵而言，沒有感覺、所謂「冷感症」的女性，大都是年輕的女性。儘管如此，隨著時間的流逝，經過五年、十年以後，就會逐漸地開始有感覺。

既然妳說無法等待這麼久的時間，那麼還有最後的手段，讓我告訴妳這個秘訣。這是藉由其他的男性讓自己的性得到啓發的方法。因爲你和他彼此是初次性經驗，所以從舌技、手技到指術都應該尚未成熟。這個方法，對做愛技巧非常拙劣的情況很有效。與其他男性的性關係，使妳對性事開竅。可以的話，我希望妳選擇玩慣了的中年男性。但是，裝束打扮要整齊乾淨，妳應該選擇似乎很受良家婦女喜愛的中年男性。

讓妳的性感覺、性技巧，藉由那位「叔叔」開竅吧！

不過，從「叔叔」那兒學來的技巧，應該試著使用在「瞠目結舌」、「說不出話」的他的身上。

妳一邊說著：

「從朋友那兒聽來的，怎麼樣？這些技巧很好吧？感覺如何？那麼……。」

一邊則宛如很害臊一般，假裝很難爲情的模樣。不過，行動上最重要的仍是徹底大膽。或者，讓他看女性週刊雜誌的黃色文章、報導、淫穢、猥褻的都可以，若無其事地向他說明內容更好。

不過，與中年男性的性事不要向自己身邊的人公開，最好是一次或二次就適可而止。與「叔叔」的關係一旦曝光了，那麼即使做錯也要立刻避開泥沼，以免愈陷愈深，無法自拔。還有，一旦太投入，沈溺於與「叔叔」的做愛技巧，那就賠了夫人又折兵，不能回頭。妳最好想通：他只是教給妳感覺美好的做愛技巧的老師而已。妳可以做得到嗎？

■厭惡男人

Q 一年以前，一直交往著的他交上了女朋友，我曾像破爛不堪的抹布一樣地被拋棄。對男人已感到頭痛透頂，也恨憤不已……。就在那樣狼狽的時候遇見了那個人。目前所喜歡的那個人，比我年長八歲，而且是個女人。品味良好且才華洋溢的她眞的非常漂亮，堪稱絕色美女。與她在一起時，我們一邊互相拉拉扯扯調情一番，一邊洗澡，就這樣在床上躺著，慢慢地睡去，這個時候，我第一次有了快感。自此以後，一想到她就難過得想哭泣。我是眞性的女同性戀者嗎？（19歲・落榜考生・女）

總的來說，人都具有同性戀的性傾向。

無論古今中外都是如此。

在藝能界，同性戀的例子就非常多。基於西田光没有關於男朋友傳聞的理由，她甚至被女同性戀刊載懷疑是否爲女同性戀者的報導，可見人言多麼可畏。

也就是說，這種事情是多麼簡單地就成爲傳聞，人們愈有興趣知道，則世界上有女同性戀傾向的女性就會愈多呀！

然而，妳不能說是真性的女同性戀者。至於談到真性女同性戀是什麼樣的情況？則無法清楚地界定。有些地方有所謂的「男裝麗人」，看到「她們」，第一眼的印象是她們都一模一樣。頭髮上抹髮油，成套西裝上打領帶，而且胸前別著手帕，令人有點厭惡，反正都是如出一轍的打扮。用字遣辭上，「她們」也用男性常用的「俺」、「咱」。

我想妳已知道女同性戀有「先天」、「後天」兩種類型，一旦成爲真性女同性戀者，成爲真正的「蕾絲邊」，每一對都會互稱呼對方「T」、「婆」，前者扮演男人的角色，後者扮演女人的角色。一旦開始這麼稱呼，就是自己與別人都認定的真正「蕾絲邊」。

大多數的女性比男性更容易偏向於同性戀。雖看見「男裝麗人」而覺得很美麗的女性很多，但男性們的世界近來已完全看不見類似於這種「反串」的扮裝秀。現在之所以依然存在的，大概是因爲同性戀的傾向是那麼强烈。女性沈醉於同是女性所扮演的男性角色，爲之著迷不已，歸根結柢仍是沈醉於女性的美麗。

請看看婦女喜歡的喜劇，男人的臉孔無論哪一個不都是女人式的臉孔嗎？據說，若不這樣扮演、反串，婦女喜劇就乏人問津。這是很重要的一點，證明了女性之中，無論是誰都具有同性戀的因素。

妳對男人感到棘手、頭痛時，其反作用便是僅僅偏向同性，嚮往與女人談戀愛。妳就連自己本身內在的動物性行爲也能接受、能理解。也就是說，任何人都具有潛在的女同性戀傾向，略微地浮現表面，在很偶然、碰巧的情況之下，只喜歡同性，只渴望與女性談情説愛。

但是，有報告説：母親一旦受到强大的壓力，所生下的孩子就容易成爲同性戀者。而一調查處於一九四四年的空襲威脅之下在德國出生的嬰兒，則導出了「同性戀者居多」的調查結果。也有研究指出：某個遺傳基因的一部份一旦受損，就會成爲同性戀者，由此也可以推測出：由於空襲的巨大壓力，母親的遺傳基因被傷害了，有些地方出現瑕疵，以致於異於常人。

也有成爲真性的女同性戀，對男人就完全没有興趣。只要一碰觸到男人，就會起雞皮疙瘩，非常誇張。曾經與男人交往過的妳，由此看來妳還不至於那麼誇張，這表示妳已失去真性女同性戀者的資格。

無論如何，妳雖覺醒到自己有女同性戀的可能性，但妳距離真性的女同性戀仍很遙遠，談不上是「蕾絲邊」。如果男人很好，那麼就會呈可以回復異性戀的狀態。

■我或許是容易碰上色狼的體質……

Q 就在這一年以內，我居然碰上六次之多的色狼，天哪！太可怕了！最初是在早晨上學的路上，被同搭一輛車的人問路，我瞟一眼駕駛座，嗳呀！他的下半身竟然赤裸著！我雖拼了命地逃開，但最後仍驚嚇過度，不得不向學校請假。

接著一次是傍晚時發生的。那是一個蠻溫暖的日子，但卻有穿了大風衣的男人走來，擦肩而過時，他突然在我面前「獻寶」，獻出醜陋的東西，我因將男人的那個東西看得一清二楚而不禁大喊大叫。

第三次是在電車裡面。我手部位置上有男人的那個東西，我突然被嚇了一跳居然握住了那個東西！第四次是在自己家裡的浴室被偷窺，第五次被偷了內衣褲。然後就在不久以前，頻頻有色狼打電話來，他們問道：「天冷的日子妳的內褲穿什麼顏色？」我被某個人當作目標了吧？（18歲・學生・女）

雖色狼所能使出的招數、把戲林林總總，上演的劇目繁多，不及備載，但儘管如此，我或許是容易碰上色狼的體質……

一個人碰上六次卻是難得的經驗。我的周遭雖有像這樣已碰過好多次色狼的女性朋友，但總的來說，還是以外貌姣好、性感而引人遐思的女性居多。也就是說，只要是男人就一定會回頭一顧的女性，這種類型的女性，自然容易被看上，當作下手的目標。

不久以前，我曾經在電車裡看過碰上了色狼的女性，她的外形簡直令人聯想到電子媒體某一鏡頭的艷麗。在有如羚羊一般修長的腿上，聳立著需戴E罩杯的豐滿乳房！再加上她穿了緊貼著肉體的緊身套裝。她確實是被害者沒錯，但就誘發、挑逗色狼的行爲這一點而言，毋寧說她看起來似乎更像個加害者。

我雖不知道妳是什麼樣容貌的人，但一定有某個勾起男人慾望的地方。不管是什麼樣的色狼，都應該有其喜好的女人類型。如果有一美一醜兩個女人可作選擇，那麼無論是誰都會眷顧美女那一方，對另一方則不理不睬，視而不見。妳是與此相同的情形。也就是說，至少妳似乎確實不是醜陋的女人，妳還有幾分姿色，頗能吸引男人的目光。

然而，僅僅是美女並不致於如此。色狼所看準的目標，是不管直接、間接只要一碰觸就被挑起情慾的女人，亦即縱令被觸犯了也不抵抗（被認爲可能不加抵抗）的女性。遇到六次色狼的妳，應該是齊備了如此的條件。

首先，無論如何妳該想盡辦法應付這個問題，持續著應做的努力，我在此教妳幾招簡單的擊退色狼法。

首先，對付暴露狂的色狼要用這一招：

「唉呀！你的那個好小喲！」

這一句話，對任何男人來說都是致命性的打擊。大呼小叫「啊——」，對他的「獻寶」大驚小怪，就正中他的下懷，上他的當。如果眼睛往下瞧不敢正視，對方就只會愈來愈覺得有趣，更不放過妳。要防止暴露狂的騷擾，「好可愛喲！」、「就像小指尖一樣那麼小，沒看頭」等一句簡潔有力的話，就是最高的武器。如此一來，色狼應該會質疑：「我的那個果真很小嗎？」而後悔作出暴露下體的行爲。

在電車裡被什麼東西抓住（怪手之類）趁機吃豆腐時，也是以嘲笑對方「哈哈，你那個好小！」的攻擊法最有效。

問題在於在浴室被色狼偷窺，最近的建築物，應該都是無法輕易地從外部偷窺內部才是，但是……。如果實際上似乎被偷窺了，那麼，唯一的辦法是即使威脅父母也要進行浴室的改進工程，此外別無他法。倘若立刻動工很勉强，那就去買一些紅外線警報裝置回來安裝吧！或者，張掛銅線，通上一百伏特的電流，讓色狼觸電，妳意下如何？

接到猥褻、淫穢的電話，可以裝置擊退這種色狼的機器，或者，如果被問說：「妳今天的褲襪是什麼樣式？」那就答道：「毛線織的短褲襪呀。」等等，妳應該練習巧妙地應付色狼的訣竅。

還有，如果在黑夜裡即將被色狼襲擊，無論如何，只有踢對方要害一途了。受到這種攻擊，任何男人都會被妳擊倒。

無論如何，被色狼跟蹤尾隨，也意味著妳的女性魅力如泉水般地湧出。這大概是可以跨耀的一點吧，當然，這是開玩笑的話。

有時也有一些女性因碰上色狼的次數而自傲於自己的魅力，不是嗎？妳碰上色狼六次之多，該大大地高興一番！畢竟妳很有魅力。

■如果在酒店兼差的事情曝光的話……

Q 我考上東京的大學，從東北到東京來是二年以前的事情。雖父母似乎不想讓獨生女的我去東京，但因爲我堅持己見，無論如何也要去，所以他們最後只好每個月貼補我十五萬日圓的生活費用。我想這對身爲上班族的父母而言，是相當吃重的負擔。

正當已漸漸習慣了東京的寄宿生活之際，朋友問我：「可以賺不少錢，要不要兼差二、三天？」

他要我幫忙的工作，是所謂的酒店公關。我雖沒有正式上場的條件，但實際上試著去工作之後，正式人員與非正式人員所能領取的兼差工資，有著天壤之別，這應是理所當然的吧。最後我不知不覺地屈服於金錢的魅力……。

打算只做一回的我，開始上場了，終於決定要做人們所謂的「下海」。可是，我想既然做了一次，做二次又有何不同？雖與素不相識的陌生人做愛時心情有一點鬱悶，但只要一想到增加了一部份的存款，就再快樂不過了。由於收入幾乎全部轉爲存款，因此才一年多就超過了一千萬日圓。當然啦，父母並不知道我在酒店工作。因爲一拒絕他們的生活補如果在酒店兼差的事情曝光的話……

貼就會被覺得可疑，所以十五萬日圓我全收下了。可是，我擔心就這樣一直完全沈溺於色情與金錢之下，會不會無法洗手不幹、改邪歸正，永遠沒有從良的一天？如果這件事被父母知道的話……。（20歲・大學生・女）

若被父母知道妳在酒店那種花花世界兼差那就不得了啦。酒店界稱這種情形爲「對父母的曝光」。基於一旦被父母知道公關小姐就得被迫辭職，對經營者而言也是一大困擾的理由，視每一家店的情形而定，聽說店家對這樣的色情營業場所，都相當費心於某些事物上。

舉例而言，店裡的電話安裝了特別狀況時妳需要作辯解、找藉口用的電話線路，以完全與酒店不相干的事務所名義而登錄在電話簿上，只要先將這個電話線路的號碼印刷在名片上交給父母，萬一有狀況的時候，即使被父母知道了，也應該没有問題的。又比方說，一旦父母基於如下的理由而打電話到店裡來的話：

「我們的女兒在打工呢！好，打個電話看看吧！」

此時，應該請店裡幫妳擋一擋電話回答：「她現在被派出去辦一點事……。我讓她再回電話給您。」

倘若在如此的酒店工作，即使做錯了也不會曝光。

那麼，再來考慮一下，假定父母利用徵信社調查妳當時的情形。針對這種情形，自古以來即有正統的應付措施。那就是只要跟緊徵信社的人即可。也就是說，如果已得知自己打工的證據被掌握了，那就要迅速地拉攏那個偵探，攏絡對方的心。最簡單俐落、直截了當的方法，是摟抱對方。

在經常發生的事件之中，有這樣一則故事。某家徵信社接受了一位先生調查太太外遇的委託。調查的結果，雖已知道外遇的對象是誰，但因爲他是被這位太太所追求而發生了關係，所以社方反而得幫忙先生作掩蓋醜事、暗中了結的工作，否則一旦太太的姦情曝光了，就顏面盡失了。

徵信社向先生報告說：

如果在酒店兼差的事情曝光的話……

「不，你太太沒有問題。一定是你哪裡聽錯了。」之後，即使被通知了什麼事情，也佯裝不知情的樣子。世界上這種事，並不稀罕，幾乎天天都會發生。

然而，這些方法雖當作防止被父母知道必定是有效的策略，但卻不是決定性的招數，不是唯一的辦法。最重要的，是妳自己本身的態度問題。

如果被父母攻其不備、突擊檢查，而慌張失措的話，那就做不了什麼事情。無論被告知什麼樣的情況，也絕不慌張！即使有什麼問題，無論如何都要不動聲色，擺出一副撲克臉孔，面無表情，無動於衷。

有時在父母面前，最好寧可索性表現出大膽的行爲舉止，採取不驚不懼的策略。比方說，倘若對父母說：

「我想去酒店工作，不知道好不好……」

諸如此類的話，雖會使父母大吃一驚，嚇得目瞪口呆說不出話來，但父母應該反而會考慮另一面，以反面思考去想妳的話：

「她既然開那樣的玩笑，那麼就算做錯了也不應該會去酒店吧，沒有道理嘛，她不可能去的！哎呀，我們是不是誤會了？」

不過，必須經常注意的是，最好在腦海裡銘記著：在恰好到某一個段落時即適可而止，見好就收。舉個例子，以酒店小姐的情形來說，剛開始勤勤勉勉地存錢，之後經過二、三年就擁有店面……到了這個時候，一定會有幕後老闆出現，而多半小姐辛辛苦苦賺來的錢會被剝奪殆盡，這種情形非常多。

妳說：「超過一毛錢的買賣生意只賺到一千萬元是不能罷休的，妳似乎想要在三千萬元左右才打算洗手不幹，改邪歸正。」

由於世界沒有這麼便宜的事情，賺錢沒有這麼容易，因此只要有賺錢的女人，就會有剝奪搶走這些錢的男人。這是一種有如「食物鏈」一般的關係，妳吃人別人就來吃妳！

但是，即使在酒店上班的事情全都進行得很順利，一切都很美妙、幸運，但妳最好還是打消「幸福的女人、幸福的婚姻」的念頭，死了這條心吧！不管怎麼錙銖必較，在花錢上再仔細小心，事到如今，妳已不可能再去幹一個月薪水的上班族了。如果妳曾經有過結婚的記錄，那麼這些錢或許應該先爲了離婚而存起來吧。

噢喔！無論如何，既然幹了這一行，那麼，請徹底地做到擁有小店的程度爲止，別太貪心，該收就收。到那個時候，請務必也給我一張請帖，我一定去捧捧場！

■恐怖的迷你猪

Q 我家住在埼玉縣的鄉下，五年以前，收到了來自親戚裡一位叔叔的生日禮物——迷你豬。那個時候，豬小到可以放在手掌上的程度，可愛極了，但卻……。

按照說明書上所說的，迷你豬即使長大了也只會達到十二公斤左右，可是……現在牠的實際重量是六十公斤！我家雖是四房一廳一廚，但其中一個房間被牠佔領了，牠不但一天到晚吃好幾餐，而且弄壞了牆壁，上面斑痕累累，還有更糟糕的……。

牠一在客廳晃來晃去，我就害怕得坐立不安，無法久待。大概任誰都不會接受牠吧！順帶一提，牠喜歡的東西是烤乳豬。（15歲・學生・女）

據妳所說住在埼玉縣，想那必是淒慘的房子吧。真想看看拜訪妳家的客人作出什麼樣的表情？因爲，無論如何，如果想喝被端出來的咖啡就通過豬的眼光，被緊盯著，這種感覺，即使是客人也會昏倒。

然而，吃烤乳豬的豬是無可救藥的豬。以人來說，就和吃人的人種一樣，太恐怖了。

雖不知道妳家大致有錢到何種程度，但儘管寵物有什麼喜歡的東西，讓一隻豬吃烤孔豬，不知妳是居於什麼樣的心態，有什麼樣的想法？自古以來豬便一直固定吃殘羹剩餚的。

然而，養豬是了不起的想法。妳頗有先見之明。請好好地想一想。首先，如果從普通、平凡的生活來說，妳應該讓迷妳豬吃剩飯剩菜，那麼，妳會因此而在垃圾處理問題上扮演某個角色，主動幫忙父母負擔家事，父母會很贊許妳。

妳家裡在非常狀況下糧食隨時，唾手可得，而且是以最新鮮的形式等著人取用。這是非常重要的。但是萬一緊急的時候，或許可以期待這隻迷妳豬能派上用場。再也沒有如此美妙的事情了，好極了！

即使一邊叩拜懇求說：「豬先生，今天請讓我吃您的腿。」一邊依序地吃掉牠，無論如何都應該可以撐過一星期，不虞饑餓。不久救援隊應該會來吧。如果吃不完，只要分給附近鄰居就行了。妳家一定會受到鎮民大會的感謝：「府上的小豬真了不起！」或許妳家的事跡還會藉由電視新聞而在全國播映也不一定……。這麼一來，妳就一躍而爲名人，成爲矚目的焦點呢！基於這個理由，如果考量到將來可能發生的狀況，那麼，養豬也是極有益的不是嗎？可以的話，與其在屋裡飼養，不如一邊讓牠在充分曬到陽光的地方運動，一邊把牠養得肥肥的又美味可口！如此養法，豬肉會比較結實、好吃！

■奇妙的四角關係

Q 我正在上女子高中，我的他是鄰鎮的男校高中生。一年前開始交往，最近逐漸演變成奇妙的情況。

這是從喜歡我的人出現之後的情況。那個人是女孩子，也就是所謂的女同性戀者。若說起她的熱情，那可是很驚人的，有時不免令人害怕，她不但來我的教室大聲叫嚷，而且我一想回家她就纏住我的手臂，一直跟隨到我家來。另外，我的他似乎正有人傾心於他，表示愛慕之意。那個人是個男人，也就是男同戀者。據說，那個人一直竭力爲他製作便當、洗體操服裝等等，甘願爲他效勞，服侍著他。

最近，我們雙方的追求者都企圖破壞我和他的關係，使我們不睦，他們利用朋友向我們密告對方的壞話，使我們彼此之間產生心結，或是干擾我們兩人所在的地方，造成困擾，諸如此類種種招數可說不用其極。如果糾纏我們的對象是異性，那就可以斬釘截鐵地拒絕，明明白白地說個清楚，但是，同性的話可會令人發狂……。他似乎也有同樣的感覺。該怎麼辦才可以不被打攪、不被阻撓呢？（16歲・學生・女）

首先，請估算父母不在家的時間，邀請兩位男同性戀「先生」及女同性戀「小姐」到妳的家或他的家來，此時，在他們光臨之前一小時左右，安排妳和他先一起躺在床上，假裝正在做著什麼事情。毫不知情的兩位客人來到這個地方，恰好撞見你們兩人卿卿我我、恩恩愛愛的情景。只要實際一撞見，他們就會驚訝萬分，大叫：「天哪！」

我說佈置能撞見你們正甜甜蜜蜜享受兩人世界的現場，是基於男同性戀「先生」對女人沒有興趣的理由，因此，應該不會難爲情。當然，即使妳的他被女同性戀「小姐」看見赤裸裸的模樣也是一樣，根本不必不好意思。

藉由讓他們看見事實的真相，讓他們死心放棄——這是衝擊療法上最有效的手段。只要不讓他們昏倒了，順帶引起心臟麻痺，那就再幸運不過了。或者，他們並非沒有可能自己本能地甦醒過來。這麼一來，就可以讓他們認清事實，知難而退，不再糾纏妳和妳的他，形成你們之間的障礙。不過，應再三地注意不致於被男同性戀者在背後攻擊他，受到傷害。

這樣還不行的話，還有一個方法，就是讓妳的他對著男同性戀「先生」說：「我討厭骯髒的男同性戀！」不過，男同性戀者的嫉妒心很可怕，注意那個人會動刀傷人！

■想要離家出走

Q 我的親生父親在一年以前與母親離婚了。從那時候算起的三個月後，開始有陌生的男人住在家裡，擺出一副我的父親的架子。雖然那個男人似乎與母親已結婚了，但對我而言，怎麼樣都無所謂，那是他們的事情。然而，縱令那個男人一向有拿出生活費，但我曾被他數落了一頓：

「妳只會吃飯，一點用也沒有！」

每當我一洗晨浴，他就大呼小叫：「小鬼的習慣！妳可情竇初開了，思春啦！」然後關掉淋浴設備的開關，天哪，眞是太過於吝嗇了。即使我半夜在看書，他也會說：「我可不是爲了妳所使用的電費而去工作的！」

諸如此類的話眞是傷人。總而言之，我所做的每件事情他怎麼也不稱心如意，就是看不順眼。雖打算高中一畢業，二話不說就離家出走，但我心想以後的一年是否也必須忍受這樣的生活才行……。母親什麼話也沒有說，也不想再聽我傾訴。

即使想和親生父親商量，但因爲他已經再婚，所以總覺得不起勁，提不起興致。該如

何是好？（17歲・學生・女）

妳被惹得這麼不痛快，親生母親卻一句話也不說，這一點只能認爲她有相當的弱點被那個男人抓住，有什麼把柄在他手裡，若非如此，則妳的母親實在有失人母的職責，不夠資格當母親。

對那個男人而言，必要的「東西」只有身爲女人的妳母親而已，也就是說，你是一個累贅、眼中釘、討厭鬼，是多餘的「東西」。姑且不論有廣大寬敞宅邸的情形，如果狹隘擁擠的家裡有個思春期的女兒，那麼父母就連夜晚的性生活也無法集中，總是會受到干擾，所以他當然覺得妳礙手礙腳。他應該會心想：可以的話，真想讓妳消失。

我不清楚變成如此父女對立局面的經過，若從那個男人的立場而言，本來應該只與妳母親共同生活，享受兩人世界，但卻……，他大概心想：「我一定是哪裡做錯了，才連像妳這樣的女兒也跟隨母親再嫁過來，我怎麼會答應讓拖油瓶進門？」妳的父母離婚時，妳寧願選擇母親而不願跟隨父親，對那男人而言，是一項出乎意料之外的計算錯誤。

但是，妳所指出的男人使妳不高興的地方，卻有共通點，那就是死守著金錢。他總覺得，將費盡千辛萬苦賺來的錢投資在妳這個毫不相干的外人身上，是多麼愚蠢的事情，簡直糊塗、荒唐！——這似乎是男人的心理。在如此情形之下，無論如何男人都會採取霸道蠻橫的態度，極不講理，這種態度也帶有攻擊性。

妳只要開始自己賺錢，夜晚不去干擾父母的生活（包括他們的房事），就沒有問題了，任何男人都會這麼想，他也不例外。對如此自私自利的人，妳並無爭論的餘地，他的一切不容妳置喙。與他溝通談判也是枉然，立刻獨立起來切斷關係吧！妳雖說一畢業就要離家出走，但只要有獨自一個人生活的自信，那麼，從現在開始並不算太早。

如果，在畢業之前還不想離開家庭，該如何去做呢？妳雖有一個靠不住的母親，但此時非得請母親為了女兒而給予協助不可。也就是說，妳唆使母親，讓她留下寫著「你對孩子採取太過於殘酷無情的態度」的字條，然後讓她離家出走。離家出走的是母親，而不是妳。這一點不可以搞錯。如果妳離家出走了，那就正中下懷，恰如他所願，可別弄巧成拙。雖有一點辛苦，但妳還得暫時留在家裡。

或者，妳變壞讓繼父操心、頭疼如何？抽菸、吸膠、飆車……？妳這個問題少女一定會讓他傷透腦筋，但應適可而止，別走火入魔！因為他每次都被請到學校去的緣故，使他因為被世人稱為超級問題少女的父親而覺得臉上無光。

「我錯了，請幫我變成一個正正經經的人。」

只要向他低頭認罪，那就錯不了，接下來妳就有把握如妳所願地要求他做某件事。不過，如果走錯了一步，也許他就會說：「給我滾出去！」所以必須注意一下。妳應該一邊看準時機，一邊付諸實行。

這樣還不管用的話，那還有直接採取行動的方法。也就是說，在男性職業場合附近四處向衆人徵求幫助：「請對不幸的少女伸出援手！」這是不折不扣的令也不悅的動作，他一定恨死妳了，順便一提，妳要散播那個男人對女兒做了什麼樣殘酷無情之事等風聲！

另外，也有一方法是在繼父的上司經常去慣了的小酒館打工。

當一被問：「妳幾歲了？」就坦白地回答：「十七歲的高中生。」

那個叔叔或伯伯應該一定會問妳：「爲什麼在這樣的地方工作？」果真如此，妳的機會就來了。妳接著就流著淚說：事實上是因爲如此這般……云云。

「妳的繼父到底在哪裡上班？」

「是，在〇〇公司。」

「什麼?!不是我們公司嗎？」

一旦變成如此局面，就太完美了。有人說風聲會流傳千里，一夕之間，妳的繼父恐怕就成爲焦點人物，被議論紛紛。不過，這樣的事情即使和親生父親商量也不太有意義。

■因恐怖的臉孔而喪失自信

Q 我經常被學校的女孩子們說：「聽說○○是很可怕的人呢！」我聽了只是一笑置之，當作什麼事也沒有，於是傳言便被封住，大家都閉嘴不談了。我是個膽小鬼，而且嘴巴又特別笨拙，經常心裡想的話連一半也無法說出口，老是辭不達意，但是，她們似乎正任意隨便的營造我的形象，把我說得好像見不得人似的，而這說來說去都是因爲我的容貌令人害怕，也許還嚇過不少人。

的確，雖父母的臉孔也是「恐怖之臉」，但這並不意味著我喜歡長著這一張臉，而且，僅僅因臉孔而被固定形象，是一種很可怕的困擾，常有莫名其妙的麻煩令人傷透腦筋。前幾天雖與四個男女同學舉辦聚會，但從頭到尾氣氛都熱絡不起來，追究原因，女孩子們竟歸咎於我，於是被她們指責：

「實在也是因爲有一張可怕的臉孔，大家都變得不開心了！」

從此以後愈來愈失去自信。該怎麼辦才不會再被說是「可怕的臉孔」呢？請告訴我！

（17歲・高中生・男）

爲了恐怖的容貌而被固定形象，真是遺憾。誠如你所言，並不是因爲你自己本身的過錯而變成恐怖的容貌。就某種意義而言，你的容貌也應説是父母的「禮物」，因爲與你毫不相干，所以我只能寄予同情。

然而，臉孔令人害怕，怎麼做也無法改變事實。我想只要完全不作整形手術就没有道理，人都是愛美的，但我更要説，即使整形了也是没有道理的事情，太勉强了，這麼説來，利用服裝去掩飾如何？

如果穿著上下全黑的服裝，人就會變得愈來愈恐怖（就像學生服一樣）。如果將頭剃光弄成嬉皮的樣子，那就會變得更加恐怖。倘若戴上頭盔，則又更加恐怖。那麼，你如果下定決心轉變成可愛的裝扮，將會如何呢？舉例而言，穿上紅底有花樣的夏威夷裝，肩膀上斜掛著手提式皮包。髮型的話，藝人小澤健二式的樣子，也許很不錯。

如此一來，説到周遭的人會怎麼想，則他們應該會認爲：「他看人的眼神雖很令人害怕，但卻是可愛的傢伙呢。」就算是女孩子，也一定會解釋你的裝扮爲：「真是好可愛呀！不是嗎？」

由於人一笑就變得特别和藹可親，因此一邊看著鏡子，一邊練習露出笑容也很不錯。比方説，請看一些長相兇惡的人，儘管露出很酷似無賴、流氓的表情，但因爲一笑就很可愛，令人感覺和藹可親、頗有好感，也會被女高中生們說：「好可愛！」

但是，因爲你還是高中生，所以雖苦惱於臉孔可怕，但如果往後再經過五年，因喜歡你的臉孔而一直來求愛的女性，應該會有不少。這是因爲，恐怖具有强烈的印象，令人很難忘懷。而「强烈」這一點，當然也意味著在性方面很「强烈」。女性面對强壯的男性會變得脆弱，經不起誘惑，這種魅力令人招架不住，這也是希望得到男性保護自己的女性本能。

練習空手道等等，變成一個强壯的男人，或者總是笑容滿面，露出不適稱於臉孔的表情，轉變爲軟調、溫和的男人那也不錯。有時是硬派，有時則是軟派，根據對象而改變作風或許很有趣。

如果被說：「有人說你的臉孔很有魅力喲！」那就索性冒充一下名人。或者如果被說：「你的臉孔雖很恐怖，但卻是個有趣的人哩。」就不斷地搞一些噱頭逗人發笑，取悅別人使人喜歡你。要選哪一個方法，是你的自由。

你自出生以來便擁有「可怕的臉孔」這項有利的武器，不妨善加利用！

■無法遵守約定的時間

Q 我自己無論如何也不明白原因所在，每次一和朋友約定時間，不知爲什麼總是感到一股可怕的壓力。結果，經常錯過約會的時間遲到了。雖心想：這樣的話只要早一點準備好，提早出門就行了，但爲什麼不到最後一刻就不想動身呢？爲此，我經常讓對方等候三十分鐘，嚴重的時候，更讓對方等候一、二小時，陷入尷尬不已的窘境。雖記不清楚什麼時候曾經先在新幹線等候朋友，但那個時候是想盡辦法勉勉強強地趕上時間，這也是非常可怕的壓力……。我認爲大概是因爲沒有把約會放在心上，沒有留心時間吧？有沒有什麼好方法改掉不守時的壞毛病呢？（20歲・學生・女）

妳讓他等待二小時的朋友一定深感困擾，妳老是添麻煩。

妳雖熱切盼望我能傳授給妳好方法，但實際上卻辦不到，說得明白一點，「什麼方法也沒有」就是我對妳的回答。

已經二十歲了，卻無法遵守與別人約定的時間，這是一種疾病。它雖不是很嚴重，但憑我的力量怎麼做也無法治癒妳的病。爲何會變成如此，你所成長的生活環境一定有導致此結果的因素。請向寵愛縱容你的父母抱怨吧，他們也脱不了干係。

然而，事至如今再指責父母並不會改變什麼，你總有一天會結婚，倘若生了孩子，應該以自己作爲反面教材，好好地教育孩子守時的觀念。

那麼，如果努力了仍無法改正壞毛病，你就試著改變居住的場所如何？譬如搬到沖繩去。在那裡，比約定的時間遲上一、二小時也不會怎麼樣，根本不必做什麼道歉、解釋的事情。因爲，無論如何沖繩有的是時間，就像有人稱它爲「沖繩時間」一樣，人們都會懶散悠閒。

或者，還有一個方法是移居至巴西，那是一個凡事都説「明天再做」的地方，是一個「明日世界」。在那裡，人們非但遲到一小時之久，即使慢了一天左右也毫不在乎，真是令人驚嘆不已。

如果不喜歡這樣，那就選擇妳的性格可以生存下去的世界，也就是説，沒有時間壓力，可以自由自在地支配時間的領域，譬如自由業等等。或者藝術家、小説家、跑單幫賣水貨、服務業、藝能界、傳播媒體等等，在這些各行各業之中，尤其是大衆傳播業或藝能傳播業，這個職業特別適合妳。

在此，不遵守約定的時間也被解釋爲「馬馬虎虎」、「靠不住」的意思，無論妳如何馬馬虎虎、靠不住，我保證在這個世界上並不會那麼引人注目，只有這一點我敢肯定。即使我說得不準確，事實並非如我所說的那樣，也最好別考慮想要成爲一流企業的女職員。

噢，倘若妳想要面對問題多方設法應付它，那麼，妳雖不能擁有很多自信而推展進行辦法，但下定決心把鐘錶撥快三十分鐘，妳覺得如何呢?不過，並不是只有手錶，無論鬧鐘、掛鐘全都應該撥快三十分鐘。雖不能認爲那麼具有效果，但既然除此之外別無方法，那就試著做做看，妳覺得如何呢?

或者，就算做了相當嚴重的錯誤而延誤了事情，也會成爲適度的益處，因此而得到教訓。比方說，購買十萬元份的賽馬券，到了贏得彩金變成一千萬元時，卻因爲延誤了交換彩金的日期而成爲原來的票面價值，沒有增值，諸如此類的疏失都是很好的教訓。或者，好不容易才苦口婆心地說服了他，追求到他，卻因約會的時候遲到而被拒絕、被甩，如何?儘管如此，這些都是萬不應該、罪有應得的事情。

無論如何，將自己置身於藝能傳播界，或者住在沖繩、南美，妳的將來，除此之外已別無選擇，已沒有其他的路可走!

■酒店小姐把我最寶貴的東西弄傷了……

Q 爲什麼會遇到這樣的事情！我爲了轉換心情而去一家色情酒店，在那裡發生了這樣的事情：我一邊讓一個容貌中上程度的女孩口交，一邊感覺到好舒服，心情變佳了，結果才一感到舒服，就突然「噯喲」一聲，疼痛奔竄在全身。她的牙齒沾染著鮮血，我正心想：是不是從我龜頭下方一帶流出血來？一看，天啊……。我能向她請求治療費或慰問金之類的款項嗎？

好痛哪，眞是畜生！眞的很痛呀！（28歲・公司職員・男）

儘管如此，這畢竟是意想不到的災難。這看起來是相當嚴重的傷害，如果要請求相當程度的慰問金，那就請與律師商量。

這個方法是我以個人意見的形式而提出來的，色情酒店的小姐不同於應召女郎，在原則上，它是合法的行業。因此我認爲，根據交涉的情形，請求慰問金是可能的，但要視情形而定，而且，由於一般認爲以往並無請求慰問金的例子，因此法院一定沒有判例。因爲

似乎很有趣，請務必試著做做看，或許會有意想不到的收穫。不過，爲此首先應該取得診斷書。如果尚未取得（尤其是時間已過時效的話），那就很難成功。這份診斷書必須證明是因女孩子的牙齒而受傷。如果牙齒的形狀留下痕跡，那只要試著比對女孩子的牙齒，看看是否吻合，就一清二楚了。

然而，比起這樣的事情，是不是還有更應該擔心的事情呢？不是還有更嚴重的事情嗎？舉例而言，愛滋病即是一件。如果萬一咬嚙你陰莖的她是個愛滋病帶原者，那麼因爲你的體內已滲入愛滋病毒，所以你確實已受到感染。法院方面，如果你真的被感染，大概就會以民事案件而受理你的控訴。

不過，即使你感染了愛滋病，縱令請求一億

元的賠償，倘若酒店方面没有支付的能力，那就到此爲止吧。此時，只能認爲自己運氣不佳，不斷地往陰間地府掉落。

我對不幸的你很感到遺憾，實在很抱歉無法幫助你，但今後想去色情酒店的男性諸君，爲了不至於碰到像你這樣的地步，似乎只能先鍛鍊强韌、百毒不侵的陰莖，不是嗎？冷水按摩、用棕刷拍打等等，方法依各位的喜好而定，任隨自便。

人有黏膜强韌的及黏膜脆弱的傢伙，脆弱的傢伙當然容易受到傷害。容易感冒的人也是因爲喉嚨的黏膜較脆弱所致。即使同樣與有梅毒病毒的女人做什麼事，有人感染了有人卻不會感染，一般也是認爲受到黏膜的左右所致。包皮過長者容易導致性病，也是因爲黏膜未接受刺激所致。

尤其是真性包莖的話，應該及早讓醫師診治，請醫師割取過長的包皮，順便一提，似乎也有人以爲包莖手術很貴，但如果是真性包莖，只要初診費就行了，也就是說，因爲它是一種疾病，一看就能判定。

大致而言，因被「卡察」一聲咬下的動作而弄傷陰莖，這樣的陰莖也已派不上用場，成爲無用之物。你不想要使它變成硬梆梆、像橡木棒一般嗎?!

■只受有孩子的離婚女人歡迎

Q 我的本行雖是攝影師，但沒有工作的時候都會在附近的快餐店兼差。我一直認爲自己原本就是受歡迎、有人緣的類型，而這三年以來向我求愛的女人，全都是有孩子的離婚女人。剛開始，她們立刻獻身給我與我做愛，而且做菜又好吃，我心想這太完美了，但不久之後，她們對我的行動懷有不安，不知是否因爲這種心理的作祟，即使是一點芝麻小事她們也會吃醋、嫉妒，最後，甚至演變成跟隨到我的工作場所來，就爲了監視我。連做愛也被強行索求，眞是令人興味索然，一想起來就厭煩。

儘管我又揍又罵，與她們大聲對罵，但一旦分手了，竟然又交上有孩子的女人……。有一度差一點幾乎被硬逼著結婚，被強迫當兩個兒子的現成父親。請告訴我不受有孩子的女人歡迎的方法。（28歲・攝影師・男）

你很強調有孩子的女人一事，雖引人某種錯覺，以爲孩子在你與女人之間成爲阻礙，但其實並非如此。

你雖可能很接近孩子的年齡，但迷戀你的女人應該都結婚之後過了數年，有豐富的婚姻經驗，由於不同的情況，也許離婚之前就已經不再與丈夫做愛。也就是說，開始在外面放浪形骸，感情生活複雜。

她希望從家庭的諸種雜事逃避出來，順便也希望做愛，而讓她滿足如此兼顧兩方面需求的對象，以你最爲適合。

這一點姑且不論，你的性能力實在太强了，性慾也太强了。既然你說並不那麼希望受到有孩子的女人的歡迎，那麼，即使被怎麼求愛，也只要佯裝不知曉床第之間的事情，那就可以了。這麼一來，女性就會離你而去，不再來糾纏你。

在人類定理上，這是理所當然的做法，如果你不忍心拒絕，那就會陷入泥沼之中，不可自拔，永遠擺脱不了女人的糾纏。

另外，攝影師這個職業不知爲何會在無意中給予女人幻想，這也是一個問題。

有孩子的女人每天都被育兒的瑣事所追逐著，所以，她們就像被送入監獄的囚犯，憧憬著外面的世界一樣，她們都希望有一天從日常瑣事擺脱開來，在那裡，你這個屬於非日常世界的攝影師出現了。這個人倘若是一般的上班族就不同了，就無法實現她們的夢想。

你受到歡迎、有女人緣，與攝影師這個職業無關。

不希望被有孩子的女人所喜愛，我最大的願望，是請你歇業別再操攝影師一業。如果做不到這一點，那麼請停止只基於攝影師的理由就給予她們夢想。

「通常都是做什麼樣的工作。」

「其實我是個攝影師哦。」

僅僅如此，女人就會讓想像力任意地膨脹，胡思亂想，或許還會誤以爲你是篠山紀信等人的大攝影師呢。你一點也不能否認你不是他。這裡有一些誤會。此時，你應該說：

「不，雖然我是攝影師，但是只不過在二重橋前面拍拍遊客團體紀念照的照片而已。因爲只要一下雨工作就泡湯了，所以很希望當土木工程師呢。」

因爲如果是忙碌的攝影師就不可能小吃店打工，所以非常有可能真的不是攝影師，只要她們這麼一想，夢想就破滅了，你也不再受喜愛，這不是她們對你說再見的信號嗎？太好啦！

■被七十二歲的老爺爺熱烈地求愛

Q 我對住在附近的七十二歲老爺爺實在非常傷腦筋，不知如何應付他。他屢次打電話給我，說一些「眞想吻妳」、「好想抱妳」或「喜歡妳」等熱烈的求愛話語。最初雖以爲他在開玩笑，很有分寸地招呼他，但最近他一直追問：「我已經等不及了！」「什麼時候可以見面？」逼迫我回答確實的答案。我心想：他難道年老昏潰腦子不清楚了？就這樣曖昧地答覆他將會如何？我並不是美女，坦白說，被男人如此熱烈地求愛還是第一次。雖說如此，但難道要把他的話當眞，那是萬萬不可的，我不能拿自己開玩笑！如果有不傷害老爺爺且又能鄭重誠懇地拒絕他的方法，請告訴我。（18歲・女子大學學生・女）

能進行順利卻又最簡單的方法，是介紹年輕的男朋友給他認識。

從前年輕人的性事曾經逐漸形成社會問題，但是，最近並未成爲那麼大的問題。其原因爲何，一般人都認爲是年輕人的性能力愈來愈退化。與此相反而一直形成社會問題的，則是「老年人的性事」。

一說到老人，妳會聯想到什麼？妳或許會說大部份的日本人是「人畜無害」，這大概便是妳對日本老人的印象吧。老人之中也有人畜無害又很好，像正經八百、規矩端正那樣的人，但是，若說實際上潛藏在他們內心深處的東西，則是寂寞感、孤獨感等感覺。

妳只要觀察老人安養院，就會有深刻的感受。他們撙節每個月所領取的年金，用省下的錢到風化區去找女人。或者因互相爭奪風韻猶存的歐巴桑而大打出手，吵得不可收拾。據說有時也會因與年輕的助手、發生關係而導致問題。

爲什麼會變得如此呢？若究其原因，則是因爲近來健康的老先生、老太太很多，我們一提到老人時，雖往往會認爲他們與性愛無緣，但並非如此。無論年紀多麼大，都不表示性慾消失了。認爲老人就沒有性的需要，那不過是偏見而已，以致於誤以爲「無法做愛」是老人的毛病。在歐洲，則已達到認同藉由保險將矽製的支柱插入陰莖，以保持陰莖堅挺的程度，實施此一保險制度的國家很多。

最近，年輕的女性之中喜歡歐吉桑的人似乎也不少。她們一看到老人就會不知不覺地想要奉獻出溫柔，親切地對待他們。這樣的女性，請介紹幾位給妳說的老爺爺，幫他共譜「忘年之愛」。妳的問題不就解決了？

如果這一點很難做到，那就給他介紹尋歡作樂的地方。不過，這個老爺爺與其說是爲了發洩性慾而追求妳，不如說是因爲寂寞而一直向妳求愛。因此，甚至只要邀約班上的女生去遊玩，也帶著他去，或許他就會心滿意足了。大致上僅止於被要求說「想要接吻」的程度，老爺爺並非真的有何妄想。如果妳認爲老爺爺的陰莖會像年輕力壯的小伙子那樣，變得如橡木棒般硬梆梆，那就大錯特錯了，或許他還是個可愛的人也說不定哩！

我雖不明瞭妳將來希望有什麼樣的生活方式，但如果妳想要憑藉著某人的財產優閒自適、不虞匱乏地生活的話，瞧，這次搞不好是一次良機哦！妳知道老爺爺的財產有多少嗎？無論如何都要試著調查一下，不是嗎？

縱令妳與他結婚了，他現在既然已七十二歲高齡，橫豎再活也是往後五年左右而已。五年以後，或許會有數億的財產落入妳的手裡也未可知。十八歲的妳，到那個時候是二十三歲，正是一朵盛開嬌艷的花，是君子好逑的妙齡女郎。再也沒有比這次更好的機會了，好好地撈他一筆吧！

縱令他的財產很少，妳也用不著沮喪灰心，也不必失望氣餒。立刻去打聽看看他是否參加了人壽保險？妳不應該太早下決斷是否要拒絕他。人生到處都扔著機會，就看妳要不要拾起。

與其在暗處抱不平、發牢騷，不如主動地點亮燈光！——這句話我務必要呈獻給妳。

■希望由衷鼓勵豐滿及肥胖的朋友

Q 我的朋友M從任何地方去看似乎都只能說是豐滿的女孩子，但是，她一百六十三公分的身高卻有七十八公斤的體重，是個大胖子。親友當然不用說，連父母也小心翼翼不敢說破。我雖連她的親友都談不上，但她卻向我坦言爲何有種種煩惱的原因。那就是……

「我雖交上了喜歡的人，但爲什麼完全不受青睞？他們很快就不理我。」

「男人啊，究竟是很討厭太豐滿抑或太肥胖的女人呢？」

「我到底是哪裡不好，哪裡有毛病？」

諸如此類，看起來是相當逼近問題本質的煩惱。我雖不想回答她，但終究還能給予她一個答案的，只有諮商了。儘管她是煩惱特別多的女孩，但能不能幫我想個法子好好地鼓勵她呢？（16歲・高中生・女）

妳知道費里尼這位義大利電影導演嗎？他的作品大都很晦澀難懂，但就給予電影界巨大影響而言，毋庸置疑地，他是個巨匠。

希望由衷鼓勵豐滿及肥胖的朋友

說起這位費里尼先生，也是因一輩子喜歡肥胖的女人而名聞遐邇。不光是他而已，世界上喜歡肥胖女人的男人出乎意料地多。

一般而言，因爲豐滿的女人一出現就被訕笑的情形很多，所以似乎也有人深信不移的一點：肥胖的女人是不受歡迎的，在很多方面都要吃虧，但是，這麼肯定地認斷也不是非常大的誤解。殊不知肥胖的確造成一些人不小的困擾。雖說如此，社會上連賣春俱樂部都有所謂的「肥胖女郎俱樂部」，可見胖子也非一無是處，高矮胖瘦各隨喜好。在俱樂部裡，據說有身高一百六十公分、體重八十公斤左右的胖妞。

因爲體育報紙等媒體上也經常介紹這些地方，所以只要留心一下找找看就行了。肥胖的女人連續不斷地接到喜愛的男人掛來的電話，沒什麼好值得大驚小怪的，人們不是常說「一種米養百種人」?每個人都有不同的喜好。

新宿二丁目的男同性戀酒吧裡，似乎也有所謂的「胖哥」，據說前來追求年輕胖哥的客人接踵而至，絡繹不絕。

有個富有的紈袴子弟，在夏威夷有一幢寬敞的別墅。與其他的別墅稍微不同的是，女人用的更衣室及洗手間被安裝了隱藏式的攝影機。

據說，攝影機是爲了拍攝女人淫穢、猥褻的鏡頭當作蒐集品而裝設的，但是令人吃驚的是，他的檔案裡只保存著肥胖女人的錄影帶。將這些錄影帶拿出來向別人炫耀，是他的興趣。

當然，對他而言肥胖是至高無上的美，但儘管如此，一般的人是完全無法理解肥胖之美的。不過據他說，如果讓十個男人看這些錄影帶，一定有一人會勃起，比例爲百分之十。若一百人就有十個人，一萬人的話則有一千人。以日本男人五千萬人來計算，有五百萬人會勃起，是相當高的比例。雖說是肥胖，卻不必那麼擔心。如果妳告訴她此事，或許會成爲一種鼓勵呢。

■無法跟進美國籍女友的好學心

Q 我的她是美國人。在日本留學期間，她對讀書非常熱衷，尤其是對她要在大學畢業之前完全精通日語的意願，協助的我這一方更得卯足了勁，比她更用心。無論是搭乘電車也好，在咖啡店喝茶也好，她都會隨口任意拿鄰座的其他人正在交談的話問我：「他們在說些什麼啊？翻譯成英文給我聽吧！」我絲毫沒有興致偷聽別人的談話，無論怎麼說服我也不會豎起耳朵去聽，於是說：「偷聽別人談話是不禮貌的做法。」

即使是走在街上，她也會一個字一個字地依次用大聲唸出日文書寫的看板，非要全都唸一遍不可，她向我確認：「這樣發音對嗎？」但我卻沈默不語。儘管我很喜歡她，可是有沒有什麼方法讓她停止瘋狂的行徑呢？（22歲・大學生・男）

沒有方法！討厭她這些行徑的話，只要不與她交往就行了。

語言這種東西，在床上學習是最佳捷徑。這一點無論哪一種語言都共通。因此，如果你真的打算給予她協助，那麼，你理當做一個日語的教師，在床上教給她。但是，因為你滿腦子都只有做愛這檔子事，所以，結果她才會在大街上以大聲叫嚷的方式學日語，出盡了洋相。

倘若你無論如何都很擔心這件事，那麼，你只得去拍攝日文的招牌回來，在床上邊做某件事邊教她就行了。很簡單的事情！

像她這樣想要學習日語而前來日本，但你卻對她說：「不要發問！」你不認爲這是很殘酷的事情?或許你最好稍微學習一下她的好學、上進心。

做不到這一點的話，那只要說：「妳最好和我分手，和可以更輕鬆地回答妳問題的男人交往吧！」不就可以了?不過，你希望向周遭的人炫耀與美國女孩交往，因爲你有了不純淨的心，所以心裡只想著不能與她分手，不是嗎！毋寧說，你應該反省自己罪業的深淺！

討厭她喋喋不休地問個沒完的話，那只要坦白清楚即可。如此一來，她就會離你而去。果真如此，你便可從煩惱裡解放出來。

■對孩子想開口說什麼而焦慮不安

Q 我有一個剛剛滿五歲的孩子，由於最近他突然順嘴說出一些奇怪的事情，因此我無法再安安心心地帶著一起走在路上，眞是令人傷透腦筋，不知如何應付這個「小麻煩」。如果要舉例，那可是多得沒完沒了。

那是一個參觀幼稚園教學的日子，當老師發問：「誰能說帶有『丸』字的名詞嗎？」我的孩子居然堂而皇之地回答：「睪丸！」這招致周遭的人失笑自不待言，而當老師接著再進一步地問道：「有沒有更典雅的名詞？」也是枉費工夫，他依然回答：「漂亮的睪丸！」令大家目瞪口呆。只要一搭電車，他就會指著坐在對面的女人說：「好像大便的老太太！」總而言之，我隨時因不知道他會說出什麼話而緊張萬分，坐立難安……。眞擔心他不久的將來會做出什麼出乎意料、駭人聽聞的壞事。現在這段期間有沒有什麼辦法！（23歲・家庭主婦・女）

孩子說出「睪丸」這種字眼，眞是令人驚訝，儘管如此，妳仍是他母親吧？因爲不要緊，所以請先擱置一旁，不必操之過急。也有一種說法是：一旦在孩子小的時候灌輸他們「大便」、「睾丸」等不雅字眼，孩子長大成人的時候就會變成色情淫書、下流趣味的狂熱者。

有一家名爲「V&R」的錄影帶製造廠商，這家錄影帶生產公司在不景氣的時期是唯一持續成長、令人不可思議的公司。他們甚至建造了自己公司的辦公大樓，真是了不起，許多人都開始眼紅他們賺那麼多錢。若提到這家公司賣些什麼東西，則都是低級、淫穢的色情錄影帶。我總覺得，這個世界似乎根深柢固地存在著所謂的「色情迷」，凡是有關色情的東西都瘋狂地著迷，有人甚至把研究淫書的學問稱爲「糞便學」。

那麼，什麼樣的人會變成色情迷、色情狂呢？根據某位心理學家的說法，經常被訓示「排泄物很骯髒，要避而遠之」等等的孩子，成人之後這個訓示就變成反叛的根源，反而喜歡起自己的大便、小便來。因此，孩子小的時候最好不要太過於囉嗦、嘮叨，讓他們有嫌惡自己排泄物的觀念。

著作了《格列佛遊記》一書的斯威夫特，據説也是一個色情狂，從這一點來看，他的母親或許是個異常的潔癖症患者也未可知。

五歲左右孩子的頭腦，如果以電腦作譬喻，僅僅有輸入的功能，即使輸入資訊也無法重新組合排列，所以他們只能將大人的教導照單全收，不能分辨好壞。這也意味著，他們會將已輸入腦袋裡的資訊照原樣地輸出，大人說什麼就有樣學樣。

但是，大人的資訊裡具有「大便＝骯髒」、「陰莖＝羞恥」的固定觀念，因此，只要一聽到「大便」這個字眼，就背過臉去不想再聽，而一聽到「陰莖」，更是面紅耳赤，難爲情極了。但是，因爲小孩子無法在腦袋裡變換「大便＝骯髒」、「陰莖＝羞恥」的資訊，所以毋寧說是被大人出乎意料的反應勾起了興趣，也就是說，他們認定只要一提到「大便」，大人就會覺得很有趣，給予鼓勵。

小孩子都會觀察大人的臉色，以討歡心。如果他們經常說些有趣的話，大人就會認爲他們充滿了「服務精神」，懂得迎合父母的喜好。

爲了讓孩子無法說出「大便」、「陰莖」之類的字眼，只要家庭全體成員不斷在平日普通的交談上使用這些字眼即可。如此一來，孩子就不再表示興趣，而跟著學舌了。

應該從平日開始就堂而皇之地叫嚷：「陰莖！」

■被命令讚美她的外形我就厭煩

Q 我的她雖臉蛋還算可以，但坦白說，她的外貌身材實在不怎麼樣。胸部像是廚房的砧板上放了兩顆乾癟癟的葡萄，而屁股又不知爲何不禁令人覺得有一點呈四角形，形狀很怪異。她的腳也不長，如果要說哪一點不好，恐怕只能說是頭部與身高的平衡被破壞了。但是，她居然一直執拗地問我：「你喜歡我身體的哪一部位？」這個時候，應該說眞心話讓她明白自己的身份、身價斤兩？還是即使撒謊也無所謂，所以應該重新開口極力讚美她？無論何者都非常地辛苦，眞是件苦差事……。（19歲・大學生・男）

從前日本九州的鄉下有位被稱爲名仕的老爺。這位老爺，將必須做某些事情的家臣重要職位，授給一個無關緊要、不甚起眼的男人，讓他帶領僕役。不消說，來自家臣憤慨至極、無以排解的聲音，一直傳到他耳裡。

「什麼！那個男人，工作既不認真，不正正經經地做事，又加上不愛說話，楞頭楞腦的，既無害也無益，一點用處也沒有，他根本辦不了一件像樣又令人滿意的事情，不是嗎?爲什麼那樣的傢伙可以當上總管?」

於是，老爺便這麼說：

「他雖然既無害也無益，但是很不錯呀。」

也就是說，這位老爺解釋「沒有個性」本身也是一種個性。因此，如果你一被她質問：「我的身材如何?」就請這麼說：

「問我說妳的肉體這個部位最美，就表示妳沒有個性，但是，沒有個性便是妳的優點。沒有個性，正是一種令人有新感覺、耳目一新的個性哪!」

她一直問你：「我哪裡漂亮?」從這一點可以知道她一定也無法忍受自己的身體。

但是，你因爲迷戀著她，所以應該認爲：或許她有可以忍受的地方。我希望你明瞭自己欣賞她哪一點，先弄清楚她什麼地方令人著迷。

「妳其實什麼優點也沒有。」

爲了她著想，坦白說明給她知道會比較好。

儘管即使撒謊也無妨，所以讚美別人也很好，但她若對你的謊言很介意，一直放在心上，可能會認爲被愚弄了，不甘受辱，那麼事情就更糟糕了，而說真心話對她來說又更加殘酷。這麼一來，只要合乎邏輯、入情入理地向她說明「正因爲沒有優點，所以才漂亮、

才完美」即可。

雖讚美她「沒有個性之中仍有優點」很不錯，但僅僅如此是令人掃興的。因此，請向她說明：

因爲今後完全沒有個性的人才會被評價爲真正有個性的時代來臨了，所以妳是擁有新感覺派肉體的女人，令人有嶄新的感覺。

她應該一定會瞭解。「不，她不瞭解這個道理又怎麼辦？她應該是不願意接受我的說法。」

如果你有如此的疑慮，那請務必讓她瞭解，同意你的說法。

■無法忘懷從前的女朋友

Q 五年以前因朋友的介紹而認識了大我二歲的她。我覺得自己爲了她可以做任何事情，也一直在付諸實行。她比我早一步由大學畢業，回新潟的故鄉去了，而我則由大學輟學，在新潟就職了。雖暫時過了一陣子如夢似幻的日子，但她留下一句：「父母不允許我和你結婚。」就離我而去。一問中間人，據說她似乎有了別的男朋友。她是個絲毫沒有母性本能的女人。

那次之後的一年，我即使事實上與其他任何女人交往，她的笑容仍未離開我的腦海。現在雖再度就職而住在東京，但父母仍操心得不得了，事到如今，我既厚著臉皮不回故鄉去，每天又茫然地活著。怎麼做才能忘了她呢？（25歲・公司職員・男）

首先，請進入曾經與她約過會的咖啡店，點二杯咖啡。一杯當然是你要喝的咖啡，另一杯則是爲她點的咖啡。你看不見她的形影，當然她是不實際存在的。然而，你應該看得見她。偶爾試一試與她交談。只要重複數次這個動作，有時就可以實際地看見她的幻象。

不過，如果毫不滿足、不厭膩地重複做上一百次，大概就可以忘了她。

儘管如此，你說至今仍忘不了二年以前不知什麼原因被拋棄的女朋友，這表示你似乎是個十分天真幼稚、未經世事的男人。

你雖嘴裡逞强說出「她是絲毫没有母性本能的女人」的硬話，但她恐怕擁有比母性本能更好的一面，有其優點，所以你才與她交往吧?!

你似乎太過於武斷了，一口咬定她甩了你。你一面說她的壞話，一面又說忘不了她，只是表面故作鎮靜、虛張聲勢罷了，果真如此，那就絶對忘不了她。你的確被甩了！即使僅僅這一點，應該也可以充分想像壞女人的形象。

你似乎還不瞭解訴説「因爲父母不准我們結婚，所以……」等歪理的她，老是以一些似是而非的謬論爲藉口，具有俗氣的性格，不過是個俗人而已。對活得很自我本位的人，是不必表示愛意的。

因此，首先徹底地考量她的缺點。如果不知道她有何缺點，那麼接著就與性格完全和她相反的女人交往。

如果你能瞭解「絲毫没有母性本能是何等有缺陷的人，是自我本位的冷血動物……」這段話，那麼，你最好試著與母性本能强烈，挺身而出奉獻愛情給你的女人交往看看。這麼一來，你便可恍然大悟：自己無法忘懷的女人是如何地微不足道的女人。

某天早晨醒來的你，在床邊啜飲著新情人爲你煮的咖啡，與她閒聊談笑，那是多麼美麗的畫面。你回憶起不記得何時曾經有過與此同樣的畫面，儘管如此，正當你發覺過去那個女人從未如此地溫柔之際，你的背脊大概會有一陣涼意，將她忘得一乾二淨。

你追逐著最初邂逅的情人的影像，雖也是男人令人同情的本質，很使人感動，但你對實際存在著、活生生的生物——女人卻無法瞭解。

因此，即使你深深地苦惱至何種程度，不消說，仍無法傳達給對方那位女性。茫然地活著雖是你的自由，人生完全聽任你的選擇，但是，這樣的人生態度是徒勞無益的，只是枉費大好青春而已。

■結婚典禮時沒有可以邀請的朋友

Q 前幾天我相過親了，對象是與母親相熟的會計師。雖兩人年紀差上一大截，但他看起來像個好人，而且是以結婚爲前提而與我來往。因爲我們家是單親家庭，所以我很想至少在母親還健朗的時候讓她看見我幸福的模樣，我要有一個美滿的家庭，給母親安心……。

認識才不過一個月而已，與他的約會幾乎已變成了像是結婚儀式的商談般。我雖未迷惑於結婚，對要嫁給他已很篤定而毫不猶豫，但偶然無端地想到：朋友之中該邀請誰才好？學生時代的同班同學裡，並沒有要好到如此程度的朋友，而且短期大學之後就淨是兼差打工，從未正式地就業，我連可以稱爲同事或前輩、後輩的朋友也沒有。

由於他工作上的交際應酬很多，來往的人也較多，所以似乎對選擬宴客名單大傷腦筋，感到棘手，但相反地，我的情況卻是爲了尋找應該邀請的朋友而窮於應付，深爲困擾。儀式就在半年以後，事到如今，不可能在這麼短的時間之內生出一個朋友，該怎麼辦才好呢？（25歲・幫忙家事・女）

首先恭喜妳！儘管如此，妳既然活了二十五年之久，總該有三、五個朋友吧？如果連三、五好友也沒有，那妳一定是一直過著孤獨寂寞的人生。

某位前輩在參加結婚典禮時曾經這麼說：

「雖然有人說結婚典禮沒有作用，但並沒有比它更合理的典禮、儀式。作爲告知人們『我們兩人已結婚了』這個事實的場合，它可是非常有效的儀式。」

這是二十年前的事情了。當時是一個不舉行結婚儀式比較不難爲情的時代，一有公開的儀式就令人不好意思，面子上掛不住，仔細地想一想，那是非常含蓄、保守的時代。

妳似乎正苦惱於沒有可以邀請觀禮的朋友，但他如果有可以告知你們已結婚的事實的朋友，那只要邀請他的朋友不就行了？妳這一部份的朋友缺席了也無妨。

如果妳無論如何都想要充門面、擺排場，那麼我介紹幫妳解決如此煩惱的公司吧！那是爲人「送貨到府」的介紹所，只不過他們送的「貨」是人，妳可以租幾個「臨時演員」到婚禮上充數。妳只要去婚姻諮商所找專人協助，他們就會教給妳如何找介紹所。

臨時演員們暫時地幫忙充當妳的家人、朋友，這種行業似乎生意興隆，大有前途。一個人獨居的老人，就爲他們扮演兒子及女兒：沒有父母的年輕夫婦，就爲他們扮演年老的雙親，演技還很逼真哩。

如果妳有以前的照片，還會幫妳製作與朋友一起合照的合成照片，就好像妳的的確確有這個朋友。當然，他們也應該會幫妳製造許多插曲，證明妳與某人有過來往，交情不淺。總而言之，如果妳最後想通了結婚儀式是多麼追求虛榮、注重形式，也許結果就會意外地擁有一個愉快的婚禮，因爲，妳反而希望有一個簡單的婚禮、不過度鋪張。

雖要花費一些金錢，但如果想要給自己裝飾門面、錦上添花一番，那也有邀請藝人表演的方法。不過，即使是號稱爲藝人，但並非在電視上看得到的名人。他們大都是出過單曲唱片的歌星之流，或者藉由自費出版方式出唱片的歌手。所謂的藝人，雖只是名義上的藝人，但從鄉下出來參加婚禮的親戚們怎麼也不會知道。

若讓這些藝人說上一句：「新郎、新娘是我很早以前就認識的老朋友……」順便請他唱上二、三首歌，則對這些藝能界的老手而言，是十分擅長的工作，絕對足以勝任。

另外，如果打聽一下遠房的親戚，大概會有一、二位政治家，把他們找出來，無論縣議員也好、市議員也好都可以充數。打電話到他們辦公室，請秘書代爲問候致意，並邀請政治家參加婚禮。因爲對他們而言出席公衆場合也成爲一種宣傳方式，所以他們應該會很樂意前來，幫妳撐場面。

做法有很多，要怎麼做都可以。如果妳愛充門面、擺排場，那就請徹底地鋪張。

■擔心體臭的外出恐懼症

Q 做愛之後，我的體臭似乎變得嚴重。去年春天，也就是與他第一次做愛時發覺了這件事。記不清何時我曾與他夜宿賓館，然後隔天就那樣直接到公司去。就在那一次，我正準備好好地洗個澡，卻在此時聽見有人正竊竊私語著：「那個女人好臭啊！」

他雖安慰我說：「不要太介意！」但因爲最近到了連外出都害怕的程度，或許再也無法與他做愛了?怎麼辦?!如果聽見稍微被人議論一下，就會顯出無精打采、垂頭喪氣的樣子，又更惹得人們議論紛紛，有沒有什麼辦法?不管怎麼樣總得設法應付……。（22歲・百貨公司從業人員・女）

日本人在做愛之前淋浴，而西洋人則在做愛之後淋浴。若說到爲什麼?這是因爲白人多半體臭很嚴重。認爲有體臭是天經地義的民族，即使在淋浴的使用方法上，也似乎個個有所不同。其中，有人有劇烈的狐臭，非常可怕，如果在海外搭乘了這種人所駕駛的計程車，那可是一樁悲劇!只要一不小心，就可能窒息而死。

在體臭裡最令人擔心的是狐臭，妳大概知道形成臭味的物質是由汗腺滲出的吧。一旦形成嚴重的狐臭，那就像臭鼬鼠一樣，臭味老是附著在衣服上，一被沾上了就怎麼也洗不掉了。

但是，既然妳那麼介意體臭，現在就可以藉由手術治療。狐臭按理說是很簡單的手術，能很輕易地醫好。

因爲已到了周遭人們都注意到妳的體臭的程度，所以他應該也發覺到了。但是，他一定是個溫柔體貼的男人，才會安慰妳放心。爲了不致於傷害到妳，很顯然他費了不少心力的樣子。因此，妳此時只要一味地想著如何接受他的善解人意就行了吧？

基本上，人的體臭是與汗水一起產生出來的。在激烈的做愛之後，當然也會流汗，尤其是女性，據說她們一達到高潮就自然伴隨著發汗作用。也就是說，做愛之後體臭變得嚴重，正是因爲汗水開始發出臭味。

因此，妳可以考慮的方法是在做愛之前出一身汗。比方說，利用芬蘭式蒸氣浴出汗。不過，妳雖也考慮著其他的客人拜妳的體臭之賜而逃之夭夭，但這總勝過於對妳而言很重要的他溜走吧？

或者，牛乳浴也很不錯。嘗試一下在澡盆裡加入一包吧！應該有效果才是。

用香水掩蓋體臭是西洋的「祖傳秘方」。原來，香水在歐洲發達起來就是因爲歐洲人的體臭很强烈。

在此必須注意的是：香水並非具有除臭作用，而是利用强烈的香味遮掩體臭。廉價的香水一與體臭混合在一起，就變成令人受不了的臭味，反而引起反效果。對香水不可以吝惜花錢，捨不得買好一點的品牌。

另外，我要指出的是：

體臭是與汗水一起散發出來的，只要注意使自己不出汗即可。也就是說，做愛的前一天最好多注意儘可能地不攝取水分，以免隔天出太多汗。

最後，還是要附帶說一句：「只要一介意就沒完沒了」別操之過急，放開胸懷也許會更有助於治療。

■容易莫名其妙地落淚

Q 一提到我的哭泣習慣，與動不動就流淚稍有不同。即使是看電視、看電影，在普通人按理說只會感動的場面，我卻開始淚流滿面，別人只落一滴淚我卻淚濕幾條手帕。尤有甚者，我只要一聽到某人談論有關我的事情，喉嚨深處就會覺得似乎被一直堵住了，開始充滿著大量的淚水，就要奪眶而出。最討厭的是學校的三人面談，老師與母親一談論我的前程的相關問題，我就一定哭泣起來。究竟是爲什麼呢？（17歲・高中生・女）

動不動就落淚是感情豐富的證明。這是人的素質裡很優越的一項。雖一般人認爲自古以來英雄都好色，但英雄同時也是容易落淚的。

最近人們似乎有不喜歡直截了當地表達感情的傾向。若從字面上來看，妳似乎覺得流淚很難爲情。妳的煩惱與其說是找出「爲何淚水盈眶？」的原因，不如說是希望知道「如何停止淚流滿面？」

既然如此，那麼，請變成一個專愛挖苦、諷刺人的人。

某人爲了自己而幫忙做了某件事情，妳的感情大概會僅僅爲此就激烈地高漲起來吧。然而，愛嘲笑人的人並不這麼認爲，不相信別人的真誠，而解釋爲別有企圖，不領別人的情，還臆測著：「這個傢伙不是有什麼隱情吧？」

看電影時也有要領。不管有怎麼悲傷的畫面，冷酷無情的人也不哭泣，不會爲不真實的劇情掉一滴淚。這種傢伙如果流淚了，大概會獲得什麼程度的演出酬勞吧。這些淚水，或許是爲了排練預演與目前正在交往的戀人分手的場面——諸如此類，這種傢伙看起來經常採取偏差的態度去面對人、事、物，看待世界的眼光不帶感情。

或者，爲了挑人毛病而故意地找碴兒，也是這種類型的人之一大特色。吹毛求疵成爲冷靜地觀察事物的訓練。因爲，一旦讓思緒馳騁於事物的背後，去探究內幕、真相，腦袋裡就會變得非常枯燥乏味，了無趣味。如此一來，眼淚就自然而然地消逝了。

舉例而言，一齣描寫被命運的惡作劇所擺佈、捉弄而導致的少女戲劇，冷酷無情的人將會如何去看？「在非洲，每天孩子們活活地被餓死不是比較不幸嗎？」「比起這個，更不幸的是奧姆真理教的孩子們！」——諸如此類。他們一邊看戲，一邊批評。眼淚則是回到家之後才開始流，偷偷地流，一個人慢慢地仔細玩味以往所累積的感動，感情一股腦地宣洩而出。

■遺忘、遺失物品的情形很嚴重

Q 眼鏡、雨傘、錢包當然不用說，我連重要的物品也容易忘東忘西，到了嚴重的地步，我一直因如此令人頭痛的性格而苦惱。若計算金額，我想這幾年大概掉了將近二十萬吧？其中雖有物歸原主、失而復得的物品，但掉東西時究竟在想著什麼，就連自己也不清楚。不但被父親大聲申斥，而且還受到老師的責備——。再加上，我一遺失物品就被學校從考試成績扣分，因爲這是學校方針的緣故，成績一直無法進步，眞是教人困擾萬分。甚至被朋友戲稱爲：「年輕性癡呆女孩」啦、、「阿滋海默耳症」啦，我眞的昏潰、腦筋不清楚吧？怎麼做才會消除遺忘物品、遺失物品的毛病？（16歲・高中生・女）

我自己也很清楚遺忘物品的情形太多，我雖很遺憾，但又沒有辦法，對不起妳和我一樣，健忘而容易掉落東西的確很可惜，但也是無可奈何。

與遺忘物品無緣的人，應對動不動就有這種忘東忘西狀況的人作一番忠告，將自己所知道的種種事情提醒對方。譬如下面的話語：

「如果有什麼事情，請寫在手掌上。」

「必須養成在筆記本上做備忘的習慣。」

「雖從平日起就很注意，但因爲太散漫了，所以遺忘了。」

「因爲不認真地思考事物，所以心不在焉……」

然而，實際上對經常遺忘物品的人來說，這些事情應該是充分瞭解，也完全同意才是。儘管如此，他們還是會忘東忘西、丟三落四。這似乎只能說是天性所使然。就像對頭腦不佳的傢伙叱責「你爲什麼頭腦不清楚」一樣，那是對牛彈琴，被駡的人仍是馬耳東風，不當一回事兒。總而言之，任何箴言都無效，正所謂「江山易改，本性難移」。

儘管命令他們記在手册上，他們甚至連記在手册上這件事也忘了。

因爲這個緣故，雖健忘的人挺可憐的，但並沒有專爲治療不忘東忘西毛病的靈丹妙藥。

妳雖絲毫沒有特別去增添別人麻煩的意思，且儘管健忘、丟東西無傷大雅，但應認真地檢討哪裡不對，積極進取地過日子，比較有利於健康。

因爲妳還是高中生，所以儘管忘東忘西、丟三落四，大概仍不必被緊緊逼入急迫的狀態，可以慢慢地改正。如果走進社會開始工作，就不可以如此了。

儘管如此，既然神經質的妳很介意健忘的毛病，那麼，請試著飲用一般認爲能使腦部功能活性化的ＤＨＡ飲料看看。只要到健康食品賣場去，就應該可以買到它。它被認爲具有即效性，但我不清楚效果到什麼程度。

不過，若這麼說則未免太過於膚淺，因此，對溺水者就算是幾根水草也要遞給對方，基於這個原因，我送給妳這個膚淺的建議，不妨把它當作水草，只要試著攀援緊抱，這樣大概就可以了，姑且一試如何？

妳知道愛因斯坦這位天才型的科學家嗎？他也是一個健忘的天才，老是丟東西呢。也就是說，人必定有一長一短，有優點也必有缺點，不可能十全十美，這甚至可以稱爲「互補的原則」吧？一個人若有不足的部份，則必會有其他優秀的一面來彌補這不足的部份。比方說，明明健忘的情形很頻繁，卻爲何偏偏記憶力出類拔萃的學生，即是最佳的例子，愛因斯坦也是如此。妳必有某種長處。

我要再一次重複：只要是關於忘東忘西、丟三落四的問題，妳是挽救不了，彌補不了的。然而，如果長大成人了，就會改正過來，不要介意，在此以前，只有「忍」一字了！

■電腦婚姻畢竟仍是錯誤的

結婚！結婚吧！絕對相配的婚姻！

Q　我的小孩子即將誕生，但現在的生活看起來無論如何都不自然。與妻子是藉由電腦相親而結婚的。由於她比我大五歲，所以有一點猶豫不決。但是，根據電腦的「說法」，我們這一對是完美的。然而，婚禮的氣氛並不熱絡，之後連高潮都沒有過，就這樣一直維持原狀耗到現在。

每一次只要一想到：「今後數十年都要一直懷著如此的念頭生活下去嗎？」就無以自容、過不下去。因爲，最近我似乎被受到她壓迫、強制之類的被害妄想所支配，内心極度恐懼不安，該怎麼辦才好？（28歲，公司職員・男）

唉呀，真是同情你！然而，抱著被背後的女人所壓制的被害妄想，並不是只有你而已，有許多男人都有被掐著脖子受制於女人的妄想。因爲，被害妄想症很普遍，所以請放心。

仔細玩味你「後悔莫及」這句話，你所說的雖然非常嚴重，但說起來依賴電腦找對象是你的錯。

不過，拜託電腦時的你一定是相信電腦就像教祖一樣，每句話都不容置疑吧。你大概以爲電腦所說的話不會出差錯。儘管婚姻生活任何高潮都沒有，激不起一點漣漪，但你的嘆息也很教人困擾，真是棘手啊！人生並不是電視劇，因此，你所認爲的都只是想像（甚至幻想）而已，戲劇充滿著高潮起伏的情節，但可不意味著人生如你所想的那麼充滿波瀾萬丈的變化啊！毋寧說，平平凡凡地過著平和安適的日子比較幸福，不是嗎？

你已經無法回頭了，或許就只能這樣下去吧！

往後應該期待著：因爲是電腦所選擇的對象，所以一定有什麼優點，她並非一無是處才對。就像即使鹿島友子小姐後悔加入了奧姆真理教，但也無可奈何一樣，現在後悔已來不及了。你不斷地發牢騷、抱怨連連，也最好能適可而止，再多的嘮叨都是無濟於事的。因爲你已不是小孩子了，所以事到如今別再說什麼了。

你相信電腦就像幫你牽紅線、結親家的神的指揮者一樣爲你出主意、作主選擇配偶，回想這件事，你直到最後仍只相信電腦的選擇，不肯輕言放棄這樁電腦姻緣，所以才猶豫著，苦惱著。

電腦就是這麼萬能！

電腦不會失常，不會出毛病，絕對沒有錯誤！

電腦會選擇爲「最相配」的一對，其中應該有某種理由！

——這些可是你所說過的話。

你或許只能一直祈願著感謝電腦將現在的妻子介紹給你的日子來臨，而一直相信電腦地活下去吧！

你應該經常夢想著明天而過活，想著：「就在明天一定會發生什麼好事，不是嗎？」早晚有一天，你看見妻子睡著的容顏而感覺到「啊，春天！」的時刻會來到。不，這一刻應該會來臨！南無電腦大明神！

■照片拍得容貌出奇地差

Q 我認爲自己絕對不胖，最近不但被人說酷似宮澤里惠，不是自己驕傲自誇，我蠻受歡迎的。可是，一看了自己在照片上所拍攝的容貌，感到大吃一驚，不知爲何總覺得臉格外地大，而且明明與大家排成一列拍照，但卻感覺到只有我向前進了一步，比別人大上一號，而臉頰的肉圓滾滾的，看起來很胖，拍得就像我眞正長著雙下巴似的。是哪裡不對嗎？（14歲・中學生・女）

照片是奇怪而莫名奇妙的，相機原本應該客觀地拍攝對方的機器，卻也是一種主觀的機器，這很類似於若有人說鄒美儀是美女，就有人說她肥胖，各人有不同的審美觀。

這是我聽某位攝影師說過的話：說自己的照片拍得不好的人，似乎多半是美女。這或許也是因爲她們意識到自己比照片更美的美女之故吧。女人大都自認爲本人比照片漂亮，所以很難接受拍得不好的照片，那等於冒瀆了她們的美麗。

鏡頭所見到的影像與人所見到的影像有某種程度的差距，是免不了的。無論使用什麼樣的鏡頭，都會使人微妙地膨脹一些，照片拍起來好像腫了一圈似的。正如一般認爲埃及豔后克麗歐芭特拉的鼻子後半降低三公厘一樣，若以地球的規模去考量，則三公厘只是如渣滓般微小的單位，但就人體而言，卻帶給整體非常大的影響，高一公厘、矮一公厘都關係重大。

即使僅僅是一公厘，有時因看的人感覺不同而完全變成另外一個人。人的臉一膨脹就變胖，而一認爲自己變胖了，就介意無謂的事，過度擔心。

人無論如何都會在乎別人的評價。尤其是女性，多半很在乎容貌，無論再如何美麗，也是如此。節食、減肥之所以蔚爲流行，也是因爲這個緣故。這一點顯示人的脆弱，也意味著人在某一天突然陷入失望、沮喪、灰心、氣餒、絕望。

這是一個絕對無法窺知、瞭解別人，只有妳一人的孤單世界。只要對自己的容貌懷著不安，那麼，妳或許將永遠嘆息著：照片拍得真差！

那該怎麼辦才好呢？首先試著將自己的幾張照片排列在一起。這麼一來，就應該明白自己的哪一部份拍得不好。

舉例而言，臉頰似乎拍得向外突出了一點。或者，眼睛下方看起來好像鬆弛了——等等。每張照片的某處一定都有共通的缺點。試著參考這個缺點，考量修正臉部的瑕疵。不過，對中學生的妳而言，化妝也許還很勉强，也不合理，但再過四、五年的時候，就一定愈來愈有必要化妝吧。

事實上，這也是某位女藝人檢查自己的容貌的方法。她瞭解自己的缺點之後，指示化妝師及燈光師該注意的地方，以使自己看起來最完美無瑕。

順帶一提，據說也曾有女藝人絕對只讓攝影師從左邊拍照，她的照片永遠是只看到左半邊臉。後藤久美子則恰好相反，只讓人從右邊拍照。就這一點，她們是極端的自我主義，一向我行我素。

最後的修飾工夫最好加諸自我暗示，以顯出自我風格，塑造獨特的美。譬如即興地吟唱幾萬次：

「我有特色，我有最好的東西，是別人所稱羡、嫉妬的美女。」

女性藉由認定自己是漂亮的，就會愈來愈美麗，逐漸變成真正的美女。

抱怨照片拍得不好而大發牢騷的女人是再好不過了，這種人多半是名副其實、不折不扣的美女！也就是說，就像連妳也都說自己酷似宮澤里惠一樣，一旦由男人客觀地觀看，妳仍是美女。因此，請更有自信一些！

■他嫉妒我與姊姊之間的關係

Q 我的姊姊在擔任律師。姊姊從小就很出衆、超群，頭腦極佳，我一向由衷尊敬她。我們做什麼事情無論如何都要黏在一起，姊姊也一直很信任我。姊姊去年結婚了。可是，每週姊妹兩人不能不見上二、三回，否則就受不了。我直到今年才交上男朋友，而他說我們姊妹這樣的關係「很奇怪」，最近還盤問我：「妳姊姊和我哪一個重要?!」我立即回答了：「姊姊。」噢，這是我半開玩笑的話啊！他怎麼當眞了?要消除他的嫉妒該怎麼辦才好?（21歲．大學生．女）

首先，妳不是很想試著思考一下他嫉妒的原因嗎?男女的愛情與姊妹的愛情明明截然不同，但他卻說嫉妒妳們姊妹感情融洽，這是爲什麼呢?一方面是因爲他並不十分清楚關於妳姊姊的事情，或者，也許他對妳姊姊有情結，害怕姊姊搶走妳而失去妳。

男人如果被人問說：「被愛與被尊敬要選哪一個?」十之八九會選擇「被尊敬」那一方。也就是說，被尊敬比被愛來得更重要。「妳的姊姊頭腦好，因此受到尊敬。但是，我的頭腦差，所以不受尊敬。」——也許他潛在意識的某處正作如是想。爲了化解如此的誤會，妳必須向他說明與姊姊的關係才行。舉例而言，像以下這麼說：

「能承蒙她教導我種種未知之事的姊姊，對我而言，在某意義上可以說是老師哪！」人都會聚集在教導自己的人身邊，一個人對有知識的人憧憬不已，是理所當然的事情。你的他如果有好學、上進的心，藉由此一程度的說明，他就應該充分瞭解妳崇拜姊姊的心理。

與其讓他誤解妳，倒不如請從下一次開始，帶著他一起去與姊姊見面。藉由此事，可以更先使妳的他充分瞭解關於姊姊的事情，如果他知道妳爲何見姊姊，瞭解妳的姊姊的話，或許就可以同意妳的行動了，藉由場合的不同，他對姊姊的嫉妒心也許會轉變成競爭心。

將你們的關係改變成正面意義上的三角關係吧！

■協助想點法子改善婆婆的揮霍成性

Q 我婆婆是個愛漂亮、好打扮的人，已經五十五歲了，但至今對流行的服飾仍比年輕人更敏感。最近，我得知了她似乎時常向我先生借信用卡去購物。先生雖提醒過婆婆，但被她解釋爲：「你們完全不讓我說話，我在家根本是多餘的廢物……。」自此以後，她就常說零用錢太少啦、我做的菜不合口味啦等，找一大堆理由，隨興所至、自作主張地叫來外送的壽司，一個人獨享。當然付帳的人又是我……。究竟該怎麼辦才好？每天都頭痛萬分啊！（26歲・家庭主婦・女）

揮霍無度可以考慮二個理由：①與生俱來的愛亂花錢性格的情形，②由於家庭不和而導致慾求不滿。倘若是①、②的情形，妳婆婆已經五十五歲了，事到如今僅僅是做到提醒的地步，是改正不了她的習性的。將大把鈔票亂花用，會變成如何呢？除了讓她徹底地領悟這一點，有痛切的體會之外，大概別無他法了。或許她這個人從未爲了金錢而傷過腦筋，沒有嚐過手頭拮据的苦，她才會不知節度，毫無打算吧。無論再如何胡亂花錢，偶爾有荷包滿滿的人在一旁，就可以幫她巧妙地粉飾過去，僞裝成手頭闊綽的富婆，別人根本看不出她身無分文的窘境，或許是這個緣故，她才更加有恃無恐。因此，試著讓她從薪水裡借一次錢看看，如何？當然，如果她還不了，人家就會來催討欠債。不管她受到再怎麼令人難堪的臉色，妳也要佯裝不知，讓她自己去收拾爛攤子。不過，注意即使不對、做壞人，也不要讓妳或妳先生成爲連帶保證人，爲婆婆揹一屁股債。

如果妳先生說出「要我不管那麼可憐的媽媽，我辦不到！」那麼，就請趕緊看破，和他分手吧！只要擁有如此的婆婆，妳早晚會在「無底深淵」裡終了一生！有言道「爲了更大的利益只好犧牲較小的利益」，爲了妳的家庭只好「犧牲」婆婆了，不是嗎？

婆婆雖隨心欲地叫來外賣的壽司也無妨，但你不可以忘了這麼說：

「媽媽，請自己付帳喲。」

務必要辦一張用婆婆名字的信用卡給她！只是，被扣帳的當然是婆婆名下的銀行帳户。因爲她透支過度刷爆了卡，被銀行列入了黑名單，所以不能再用信用卡了吧？這時，請幫忙介紹工作給她，讓她有收入可以償還債務，如果無法償還那該怎麼辦呢？

我看或許甚至只有妳自己幫她投保一些人壽保險，每個月繳納保險費，讓她死亡後，以領取保險金一途了。

■四處打工、兼差讓我上補習班的母親很可憐

Q 母親四處兼差給我上補習班。最初我雖覺得感激不盡，但最近認爲有疑問的地方很多。讓我上補習班，是不是僅僅滿足了母親自己的心願？前幾天聽到她與附近的媽媽站著閒聊，她竟大聲地笑著說：「兒子的成績不好嘛，所以，沒辦法只好讓他上補習班囉！」老實說，我在整個年級裡也是唸放牛班，是篩選剩餘的「渣滓」，學校不管、老師不愛的。的確，開始上補習班之後，雖覺得成績似乎提高了一些，但還是停留在倒數第十名左右，變成倒數第十五的程度，沒有太大的作用。坦白說，我已經完全沒有讀書的意願，可是，母親似乎打算絕對要我進大學。我雖希望讓她辭掉兼差的工作，但母親爲此說要更努力賺錢，供我讀書。雖想要眞正停掉補習班的課，但這樣的話我說不出口！我應如何是好呢？（16歲・高中生・男）

真是可憐！我雖說了這句話，但並不是認爲你可憐。因爲，將來你的母親一定會哭泣。一旦做了母親就會對子女加諸過度的期待，但被加諸期待目標的兒子已經放棄了人

生，所以她哭泣是理所當然的。雖有人說孩子是爲了讓父母傷心哭泣才誕生出來的，但當你解釋這句話的意義時，應分毫不差地採取行動，別誤會了它的原意。

任何人都應該思考一番解決辦法。關於這一點，你只要認真地讀書即可。可是，對即使是讀書也做不到的傢伙就行不通了。命令說「努力一點！」，是對能真正讀書的傢伙說的話。對不能用功讀書的人而言，任何的解決辦法都是行不通的。

儘管你想要讓母親辭掉兼差的工作，但你最好打消此一念頭。一旦當了母親，爲了讓你上大學而去打工，就是她的人生意義。正如你所說的「滿足自己的心願」，如果你爲了滿足自己的希望而硬逼母親停止打工，那麼，她就會忽然衰老起來，搞不好的話，也許還會暴斃、猝死。

無論如何你都要擠進大學的窄門。這對你而言可是孝順父母的行爲喔。譬如有一間大學名爲大東京大學，因爲校名在東京大學之上加了一個「大」字，所以或許你的母親會以爲：「恐怕還有比東京大學更厲害的大學吧。」這就大大地誤會了。往後如果憑你的資質就職於好的公司，母親應該也會十分滿足的吧。盡了力即可，不必爲了擠進一流大學而失去其他，二、三流大學也無所謂。

截至目前爲止，你的母親仍抱持著莫大的希望，而在上大學之前，你應該不要破壞母親自我滿足式的幻想，讓她一直沈醉在美夢之中吧！

不過，若仔細地想一想，就爲了像你這樣的成績而付出高額的學費，請用定期存款的方式，多一些利息收入。或者，爲母親買股票也是一個好辦法。

再三仔細考慮將來的問題，未雨綢繆。如此一來，即使打工的錢也不能浪費掉，你會變得很節省，你似乎可以看見母親喜悅的臉龐，正在對你發出滿意的笑。

■穿著高跟鞋無法走路

Q 我去學校時，或平時的話，雖只穿低跟鞋及平底鞋就行了，但女孩偶而總會很想買一雙高跟鞋，讓自己看起來更有女人味。但穿了高跟鞋卻又無法好好地走路，稍一不小心，就會膝蓋扭到、變成螃蟹腿……。映照在商品櫥窗上的我，簡直就是教科書上所記載的克魯馬農人。請教我穿著高跟鞋走路時像個女人的要領！（16歲・高中生・女）

這是我從某位模特兒那兒聽來的話：穿著高跟鞋要走得漂亮，最好先要有一種心理準備，那就是自己會像活動的傀儡木偶一樣，被用繩子懸吊起來，據說以這種戰戰兢兢的態度走路，就會走得很好了。挺直背部，走路的姿勢也會變佳。

雖會辛苦一段時間，但不久之後，大概就會習慣了！

■也許會年紀輕輕就禿頭……

Q 不知是因爲過度綁紮馬尾？還是因爲十年之內從未改變頭髮縫分邊的方向？在這一年裡，頭髮似乎變得稀疏，愈來愈少了。無論女性用的生髮劑如何進步，或者無論男性用的生髮劑如何優良，我一點也沒有挑戰的勇氣，不敢稍加嘗試……。或許，我會禿頭吧……。請告訴我對頭髮有效的好方法。（17歲・高中生・女）

在人類的體毛之中，唯獨頭髮是具有女性荷爾蒙的，除此之外，一切完全由男性荷爾蒙所支配著。一般認爲女性不易禿頭，即是這個緣故。

看電視時便可非常明瞭一點：最近許許多多

假髮製造廠商都推出了大量宣傳廣告，很惹人矚目。也就是説，或許是因爲禿頭的人愈來愈多了，才有那麼多假髮廣告吧。禿頭的原因，當然受到荷爾蒙極大的影響，不過，除此之外，還有各種原因。

首先，因毛根上容易堆積灰塵、污物而頭髮的發育受到阻礙即是其一。這也是因爲空氣污染的緣故。有人説最好將頭髮仔細地洗乾淨，便是此原因。

雖説是清洗，在早上沖洗頭髮也不太好，這個習慣會成爲掉髮禿頭的原因。因爲，頭髮在睡眠的期間也在成長，所以就寢以前必須好好地沖洗毛根的髒東西才行。一旦不在夜晚清洗這些髒東西且養成早晨洗頭的習慣，好不容易快要長出來的頭髮，會由於毛根上所阻塞的髒東西而無法生長。

另外，在清洗以前應該充分地注滿水，讓水淹没頭髮完全浸濕。梳刷的用具以豬毛製的刷子最佳。爲何要注滿水呢?，是爲了讓頭皮的肌肉活性化，使血液循環良好。之後，用洗髮精清洗乾淨。

不過，包括洗髮精在內，肥皂類的洗髮劑對頭髮不好，要注意適量地使用，這是基本中的基本。因此，使用過洗髮精之後要好好地用水沖洗，這是重要的一點。也有人在早上出門時用洗臉香皂洗臉，這也很不好。因爲，肥皂的渣滓附著於頭髮髮際，污染前額或後頸，總是洗不掉，怎麼都會殘留著。

但是，妳在浴室清洗身體時，以什麼樣的順序清洗呢?首先是洗臉，其次是洗頭，然後清洗身體，這才是正確的方法。再者，洗髮精的使用訣竅是一邊按摩頭皮一邊清洗。特別是耳朵上方等側頭部位，要小心地清洗，因爲，這些部位是血管集中的地方。一旦頭皮緊繃僵硬，就容易禿頭。有人說，就像地震時的左右晃動一樣，頭皮經常活動的人，血液循環也良好，不容易禿頭，這也是不爭的事實。

還有，沖洗之後不要用吹風機吹乾，因爲，乾燥的熱氣會傷害毛根。可能的話，最好還是自然乾燥。即使是使用了吹風機，也務必距離三十公分以上。

飲酒過量、疲勞、壓力是禿頭的重要原因。以壓力而言，當然也有因工作上的壓力而導致禿頭，但是，介意禿頭成天擔心得不得了，也形成相當的壓力。就算有一點禿頭現象，最好還是別悶悶不樂，以免加重「病情」。

■美少年的煩惱

Q 我被認爲是一個美少年。雖沒有在此自負自滿的意思，但我一去學校就收到情書，走在街上都一定有女孩來打招呼、搭訕，想引起我的注意。可是，由於膽怯的關係，即使被邀約也僅止於在咖啡店飲茶的程度。這樣的我，還有一位年長我五歲的姊姊，而我的煩惱是被這位姊姊的友人欺負了。她們只要一來家裡玩，就會找某些藉口一直碰觸我的身體。最近也抓握了鼠蹊部，甚至還說：「好可愛喲！」雖這樣做還談不上欺負也不一定，但對我來說，實在是很厭惡！該怎麼辦才好呢？（14歲・中學生・男）

雖是令人羡慕又嫉妬的事情，但一旦因此而隨便地討厭女人，就會出現反效果，心中淨是留下對於女人的憎恨，無法發展正常的異性關係，你的性格很有可能扭曲、偏差。從前也有像你這樣的男孩被姊姊的友人或女佣奪去童貞。請認爲這是爲了將來玩弄女人一種最佳經驗，由你這一方積極地出招。因爲，以她們而言，你是像寵物般的東西。不過，如果你愈是下流、淫蕩，對方便愈是逃之夭夭。女人只要一看到男人閃躲逃避的行爲舉止，就會追得更緊，一直黏著那個男人。而男人一旦想要多管閒事插手女人的事情，女人就會逃開。要引誘、招惹女人，這些工夫雖很重要，但你的情形，只要不加思索地突擊她們即可。如此一來，對方就不會再來靠近了。順帶一提，連閱三島由紀夫的小說時，也有以像你這樣的美少年爲中心，圍繞這個題材試著去分析這一類人的心理狀態，你不妨也一讀，蠻有趣的喔！

不過啊，你認定自己是美少年，也表示你是個自我陶醉的人，有自戀的傾向。毋寧說，你對自己的興趣比對女性的興趣更強烈吧。也就是說，你將來成爲同性戀者的可能性很高。自戀是有如同性戀的引爆劑一般的東西。

如果她們無論如何都想要來騷擾你，那就請這麼說：「請叫我小納西色斯！」

她們大概會覺得作噁、感到害怕，而逃離你……

■對喜歡卡拉OK的雙親感到極為困擾

Q 我家有個非常喜歡卡拉OK的父親，不知從小就喜歡？還是由於爲了在宴會上唱歌而常練習的關係？最近他甚至買了一台手提式卡拉OK，練習到三更半夜，而且連母親也加入行列，因爲他們弄得鏗鏘作聲，很吵鬧，所以令人無法忍受。而若說他們所能上演的全部劇目，十八般武藝都搬上來，則是「津輕海峽冬景色」一首而已，除此之外都淨是演歌，以致令人頗不舒服，耳根子好難受！如果他們帶著喝得酩酊大醉的同事回來，那家裡更有如地獄一般，簡直要鬧翻天了。明年我要參加升學考試，必須安靜地讀書，但卻……，再一直這樣下去，我的人生會因父親的卡拉OK而前途一片黯淡無光，看不見遠景。能不能幫我想個辦法？順便一提，我厭惡透了卡拉OK！（17歲・高中生・女）

我很瞭解妳的困境，是的，正如你所言，對討厭卡拉OK的人來說，的確再也沒有比聽到那種亂吵亂鬧的聲音更辛苦的事了。大抵來說，只要是喜歡卡拉OK的傢，多半是音痴，歌唱得五音不全。被迫聆聽那些非常拙劣的歌聲，是有如陷入地獄一般的痛苦，而同伴們往往渾然未覺，絲毫不在乎。

果真如此，那該怎麼做才能讓如此的同伴停止唱卡拉OK呢？他們之中也有一些人連自己是否正經、認真地唱歌都不曉得呢。因此，你首先應該奉承父親，給他的歌聲捧場一番，讓他想一展歌喉，然後請將這些聲音錄在錄音帶上，如果妳對機器知識很強，懂得錄音的技術，那麼，此時的一大要訣是拿掉回音再錄音。

在父親沒有喝酒回家時，讓父親聽這卷錄音帶，覺得很難爲情，自己都摀住耳朵說：「好難聽！」他一定會很後悔地說：「我唱歌真的這麼拙劣嗎？」從此，他就不會在你面前唱歌，取而代之在小酒館唱歌。即使變成如此結果，也與你無關，反正他在外面愛怎麼唱就怎麼唱，不會妨礙到妳。至少，妳已從卡拉OK的夢魘被解放出來，所以實在可喜可賀，恭喜、恭喜！

僅僅這樣去做，只要是普通、正常的父母應該都會感受到你的意圖，明白妳的目的，而停止在家裡唱歌才是。儘管如此，如果他們不停止，那只有採取最後的手段了。請借擴音器回來，將父親拙劣的歌聲，震耳欲聾地播放到外面，引起別人抗議。雖對附近的人們很過意不去，但只要有人來抱怨：「究竟在幹啥啊?!」這麼一來，連妳的父母也會面紅耳赤、尷尬不已，而停止唱卡拉OK。

■父母重視寵物更勝於我

Q 我確實並未感受到我的家庭像別人家那樣和樂融融。雖偶爾會與母親談話，但與父親幾乎沒有正式交談過，似乎都只是寒暄而已。不曉得是不是受到反抗期時徹底地無視父親的影響？我一直在忽略父親……。可是，他很冷酷無情，不易接近。我因社團活動而深更半夜才回家時，他一句話也沒有說，而寵物小狗走失了就不得了啦。小狗竟然比我更重要！他以慌張的舉止說：「要不要向警察提出搜索的請求呢？」這是什麼意思呢？而且，他還把狗命名爲「爸爸」，親暱地呼叫，卻偏偏光叫我名字，完全沒有暱稱。是不是小狗比我更可愛呢？我時常都在想著：「我到底是誰的孩子呢？」（16歲・高中生・女）

每一位父母雖都夢想著某一天與兒女們對酌談心，但孩子很快地渡過第二次反抗期，大約從此開始便遠離父母，愈距愈遠。以往對父母唯命是從、毫無主見，且給父母逗玩討父母歡心的孩子，都變成不再坦率地傾聽父母所說的話，凡事叛逆、作對。這是孩子開始邁向大人世界的第一步。

然而，這對父母而言也是開始感到「寂寞」的瞬間。

雖然孩子並沒有疏遠背離父母的意思，但對父母而言，卻似乎感到自己被疏離了，有被拋棄的擔心，對孩子便開始愈來愈畏縮く乖僻，不敢面對親子問題。無論如何，父親不可以單純地像孩子般鬧彆扭，封閉自己。因爲，對父母而言驕傲、自尊是不被容許的，當父母的也應放下身段，多與兒女親近。也有父母因親子關係不佳而逃避到酒或麻將的世界，而疼愛寵物也是逃避的一種。

正因爲什麼話都不會說，才令人覺得寵物很可愛。幫父母治療孤寂感的是寵物。以往一直對父母言聽計從、百依百順的孩子，由寵物取而代之，成爲孩子的代替品。

請買一個很大的布偶回來，進入其中，那麼妳也就變成寵物了。如果能明瞭寵物的心情，妳大概也能明瞭爸爸的心情吧！

即使爸爸錯了，也不應該反過來懷恨在心，毒殺寵物。請偶爾拍拍父親的肩膀撒撒嬌，表示親暱。只要讓父親看看人比寵物小狗更可愛就行了。

告訴妳哦，爸爸是很孤寂的。

■父親啊，希望您戒掉隨便發酒瘋的習慣

Q 父親每天都要喝過酒才回家，一喝了酒就連深夜也會發酒瘋，一邊說一些不明就理的話令人一頭霧水，一邊大聲怒罵家人。而且他一隨便假藉「親密關係」之名就會想碰觸我，發生肌膚之親，眞是亂來。難道他忘了我是他豆蔻年華的妙齡女兒嗎？被鄰人問說：「昨夜妳們家好吵呀！」我會很難爲情。昨天他又說了：「下一次暑假全家人去瑞士！」因此，我回問他：「那麼多錢到哪裡找？」結果才一說完就痛揍了一頓。喝酒雖蠻不錯的，但我希望他不要喝得爛醉如泥、吹牛皮說大話、亂吵亂鬧、暴戾粗魯。該怎麼辦才能勸諫如此的父親呢？（19歲・大學生・女）

自古以來喝酒的人總是對這種行爲作各式各樣的辯解。適量程度的喝酒很美味，並無大礙。酒俘虜了人，與《萬葉集》裡古老的情歌同樣多的便是酒歌。

雖說如此，因父親喝了酒而被暴力相向，畢竟仍是令人頭痛，不知如何是好。然而，即使妳向愛喝酒的酒徒說：「不要喝酒！」也是徒勞無功。而且，對付他們只有一個辦

法，那就是「以毒攻毒」。也就是說，父親不喝酒時、不發酒瘋時你就喝酒。既然妳是大酒徒的女兒，那麼連妳也應該很會喝酒吧。如果喝酒喝到不省人事（當然表演一下演技也無妨），請向父親顯示人是多麼地卑鄙、下流、難看、不像樣的樣子，讓他知道自己曾經多麼不成體統，而痛切地反省。

請纏住父親、纏住父親，緊追不捨地纏住他。請在玄關大聲叫嚷，躺成大字型，耍賴、不起來。將父親一切的醜態就那樣原封不動地全部揭露出來，以示衆人。如果被責備說：「什麼！一個女孩子居然這麼不成體統！」那就立刻這麼反擊說：

「不是有人說子女是父母的鏡子嗎？因爲我是爸爸的孩子嘛，所以有其父必有其女囉！」

只要讓父親明瞭：「什麼！我何時也幹了這樣的事?!」那就大大地成功了。如果是很熱衷於教育，那麼，他一定很不喜歡孩子被自己的壞習慣所模倣。縱令妳的醜態是表演出來的，也應該會使他吃驚。父親必定會突然地醒悟過來。

這樣還不行的話，那大概只有將酩酊大醉時的父親拍攝成錄影帶，威脅恐嚇他吧！

■每天都嘮叨個不停「去唸書！」的父親

Q 我的父親每次一碰到我的面就像唸經一般，唸著：「去唸書！去唸書！」即使不這麼說，只要說上一次，連我都可以瞭解，何必多囉嗦。因此，與父親交談的話題僅止於考試的成績，一旦成績稍微欠佳，他就會怒聲斥責：「你這個懶惰蟲、飯桶、廢物，若下一次成績再不好就把你趕出家門！」成績不好雖然我也充分瞭解，有捱罵的心理準備，但如果讀書可以輕易地提高成績，那連我這樣的笨蛋都不會讀得很辛苦了。最近，一到了就寢的時候，就一直想東想西睡不著，竟然還曾經想過：「如果就這樣一覺不起，到早上也不醒過來，那就太好了！」諸如此類的胡思亂想經常出現，或許死去比較快樂也不一定。該怎麼做才好呢？（16歲・高中生・男）

請你暗中去一趟祖父祖母家，尋找他高中時代的家庭聯絡簿或成績通知單。如果你的祖母是個一絲不苟的人，那一定保存這些東西的。根據你所看到的父親的通知單上成績如何，而決定你今後的行動。

倘若是不佳的成績呢？你要怎麼做！正因爲學生時代自己成績不佳的自卑感，所以，你的父親想著：「無論如何至少要讓孩子以優良的成績畢業。」

然而，坦白説，這是父親虛幻的夢想，一點也靠不住，你的成績不佳正是父親的遺傳。讓父親明瞭這一點吧！請讓父親看在祖父祖母家發現的成績通知單。他應該會從翌日起就一句話也不説，絕口不提你的成績。

不過，在此同時要注意搞不好你會追尋著父親的腳步，步向與他相同的命運，説不定這個行動正變成自己未來的詛咒，預先展示你未來的景況，如果你沒有承受這個景況的自信，那麼最好還是作罷，別再挖父親的過去了。

萬一，父親的成績很好，那就多此一舉而惹

上麻煩了，你必須死心地立刻回家，你就像父親所說的一樣，不夠努力，應該再努力一點！

儘管如此，由於你不想努力，我要更進一步送給你一個忠告：首先，購買一支金屬製的棒子回來。在父親看著的眼前作揮棒的練習。不過，這並不是像打棒球那樣的練習，而是像砍大蘿蔔直直地砍下去。若有枕頭，則只要在上面輕輕地砍下去即可，如此一來，你的父母可能會渾身發抖、打顫，害怕得不得了。曾經在川崎發生過的「金屬棒事件」，應該會閃過他們的腦海，從此不敢再給你壓力，不再逼你讀書。不過，你或許會被斷絕父子關係，逐出家門……。

或者，試著以「我這麼殺了父親」之類的故事情節，寫一本完全犯罪的小說。殺害父親的場面要寫得特別殘忍。寫完了的話，爲了讓人看見這本小說，要將小說的原稿放在桌上！一旦讀了這份原稿，你的父母或許就會嚇得腿軟……。

讓他們注意到一點：疼愛憐惜地撫育的卵，孵化之後，一看竟是蛇！讓他們認爲：一旦再給予超過目前的刺激，逼迫孩子讀書，造成過大的壓力，很有可能災禍會降臨在自己身上，鑄成兒子殺父親的悲劇——讓父母心生警惕，有所畏懼，是最佳的策略。

這麼一來，父母大概就不會再說：「去唸書！」不過，你從此也必定不再被父母所期待，他們再也不敢指望你了！他們對你徹底地絕望了！

■擔憂加入了怪異宗教的友人

Q 我很掛慮加入了怪異宗教的朋友。他與我一樣在大學的理工學院就讀，不同於我的是，他不愧是優秀的人，我認爲他一畢了業就一定會就職於大企業，但是，據說他最近被某個熟人邀請，加入了宗教團體。我一想到萬一是像奧姆眞理教那樣的宗教團體，就很擔憂。該怎麼辦才能使他脫離教會呢？請告訴我！（21歲・大學生・男）

請放棄吧，沒有用的，再怎麼做都無濟於事。

宗教對一個不相信它的人而言，是一個全然不瞭解的世界。就某種意義而言，它是一種異常的心理狀態。人雖有方法使戀愛絕望、死心，但要放棄超越了時空的宗教，是毫無方法的。就像馬克思主義者所說的一樣，因爲宗教是一種「麻藥」，所以要讓你的朋友放棄那個宗教團體，只有仰賴奇蹟了。

再說一遍，請中止你想要挽回他的心，放棄吧！

〈作者介紹〉：森田健一郎

一九五五年出生於日本大分縣。早稻田大學政治經濟學院畢業之後，歷經分析師等職，設立情報分析中心。

一九九〇年，在累積與年輕學生們諮商煩惱的經驗之中，自然而然地成立了森田私人學校。目前以評論家之姿在報紙上執筆文章之餘，也擔任森田私人學校校長。

大展出版社有限公司　圖書目錄

地址：台北市北投區11204
致遠一路二段12巷1號
郵撥：0166955～1
電話：(02) 8236031
8236033
傳眞：(02) 8272069

•法律專欄連載•電腦編號 58

台大法學院 法律學系／策劃
法律服務社／編著

①別讓您的權利睡著了[1]	200元
②別讓您的權利睡著了[2]	200元

•秘傳占卜系列•電腦編號 14

①手相術	淺野八郎著	150元
②人相術	淺野八郎著	150元
③西洋占星術	淺野八郎著	150元
④中國神奇占卜	淺野八郎著	150元
⑤夢判斷	淺野八郎著	150元
⑥前世、來世占卜	淺野八郎著	150元
⑦法國式血型學	淺野八郎著	150元
⑧靈感、符咒學	淺野八郎著	150元
⑨紙牌占卜學	淺野八郎著	150元
⑩ＥＳＰ超能力占卜	淺野八郎著	150元
⑪猶太數的秘術	淺野八郎著	150元
⑫新心理測驗	淺野八郎著	160元
⑬塔羅牌預言秘法	淺野八郎著	元

•趣味心理講座•電腦編號 15

①性格測驗１	探索男與女	淺野八郎著	140元
②性格測驗２	透視人心奧秘	淺野八郎著	140元
③性格測驗３	發現陌生的自己	淺野八郎著	140元
④性格測驗４	發現你的真面目	淺野八郎著	140元
⑤性格測驗５	讓你們吃驚	淺野八郎著	140元
⑥性格測驗６	洞穿心理盲點	淺野八郎著	140元
⑦性格測驗７	探索對方心理	淺野八郎著	140元
⑧性格測驗８	由吃認識自己	淺野八郎著	140元

⑨性格測驗9	戀愛知多少	淺野八郎著	160元
⑩性格測驗10	由裝扮瞭解人心	淺野八郎著	140元
⑪性格測驗11	敲開內心玄機	淺野八郎著	140元
⑫性格測驗12	透視你的未來	淺野八郎著	140元
⑬血型與你的一生		淺野八郎著	160元
⑭趣味推理遊戲		淺野八郎著	160元
⑮行爲語言解析		淺野八郎著	160元

・婦 幼 天 地・電腦編號16

①八萬人減肥成果	黃靜香譯	180元
②三分鐘減肥體操	楊鴻儒譯	150元
③窈窕淑女美髮秘訣	柯素娥譯	130元
④使妳更迷人	成　玉譯	130元
⑤女性的更年期	官舒妍編譯	160元
⑥胎內育兒法	李玉瓊編譯	150元
⑦早產兒袋鼠式護理	唐岱蘭譯	200元
⑧初次懷孕與生產	婦幼天地編譯組	180元
⑨初次育兒12個月	婦幼天地編譯組	180元
⑩斷乳食與幼兒食	婦幼天地編譯組	180元
⑪培養幼兒能力與性向	婦幼天地編譯組	180元
⑫培養幼兒創造力的玩具與遊戲	婦幼天地編譯組	180元
⑬幼兒的症狀與疾病	婦幼天地編譯組	180元
⑭腿部苗條健美法	婦幼天地編譯組	180元
⑮女性腰痛別忽視	婦幼天地編譯組	150元
⑯舒展身心體操術	李玉瓊編譯	130元
⑰三分鐘臉部體操	趙薇妮著	160元
⑱生動的笑容表情術	趙薇妮著	160元
⑲心曠神怡減肥法	川津祐介著	130元
⑳內衣使妳更美麗	陳玄茹譯	130元
㉑瑜伽美姿美容	黃靜香編著	150元
㉒高雅女性裝扮學	陳珮玲譯	180元
㉓蠶糞肌膚美顏法	坂梨秀子著	160元
㉔認識妳的身體	李玉瓊譯	160元
㉕產後恢復苗條體態	居理安・芙萊喬著	200元
㉖正確護髮美容法	山崎伊久江著	180元
㉗安琪拉美姿養生學	安琪拉蘭斯博瑞著	180元
㉘女體性醫學剖析	增田豐著	220元
㉙懷孕與生產剖析	岡部綾子著	180元
㉚斷奶後的健康育兒	東城百合子著	220元
㉛引出孩子幹勁的責罵藝術	多湖輝著	170元

㉜培養孩子獨立的藝術	多湖輝著	170元
㉝子宮肌瘤與卵巢囊腫	陳秀琳編著	180元
㉞下半身減肥法	納他夏・史達賓著	180元
㉟女性自然美容法	吳雅菁編著	180元
㊱再也不發胖	池園悅太郎著	170元
㊲生男生女控制術	中垣勝裕著	220元
㊳使妳的肌膚更亮麗	楊　皓編著	170元
㊴臉部輪廓變美	芝崎義夫著	180元
㊵斑點、皺紋自己治療	高須克彌著	180元
㊶面皰自己治療	伊藤雄康著	180元
㊷隨心所欲瘦身冥想法	原久子著	180元
㊸胎兒革命	鈴木丈織著	元

•青春天地•電腦編號17

①A血型與星座	柯素娥編譯	120元
②B血型與星座	柯素娥編譯	120元
③O血型與星座	柯素娥編譯	120元
④AB血型與星座	柯素娥編譯	120元
⑤青春期性教室	呂貴嵐編譯	130元
⑥事半功倍讀書法	王毅希編譯	150元
⑦難解數學破題	宋釗宜編譯	130元
⑧速算解題技巧	宋釗宜編譯	130元
⑨小論文寫作秘訣	林顯茂編譯	120元
⑪中學生野外遊戲	熊谷康編著	120元
⑫恐怖極短篇	柯素娥編譯	130元
⑬恐怖夜話	小毛驢編譯	130元
⑭恐怖幽默短篇	小毛驢編譯	120元
⑮黑色幽默短篇	小毛驢編譯	120元
⑯靈異怪談	小毛驢編譯	130元
⑰錯覺遊戲	小毛驢編譯	130元
⑱整人遊戲	小毛驢編著	150元
⑲有趣的超常識	柯素娥編譯	130元
⑳哦！原來如此	林慶旺編譯	130元
㉑趣味競賽100種	劉名揚編譯	120元
㉒數學謎題入門	宋釗宜編譯	150元
㉓數學謎題解析	宋釗宜編譯	150元
㉔透視男女心理	林慶旺編譯	120元
㉕少女情懷的自白	李桂蘭編譯	120元
㉖由兄弟姊妹看命運	李玉瓊編譯	130元
㉗趣味的科學魔術	林慶旺編譯	150元

國家圖書館出版品預行編目資料

心理諮商室/森田健一郎著；柯素娥譯
——初版，——臺北市，大展，民86
面；　　公分，——（社會人智囊；28）
譯自：悪魔の相談室
ISBN 957-557-710-8（平裝）
1. 諮商
178.3　　86004623

心理諮商室　　ISBN 957-557-710-8

原著者/ 森田健一郎
編著者/ 柯　素　娥
發行人/ 蔡　森　明
出版者/ 大展出版社有限公司
社　址/ 台北市北投區（石牌）致遠一路2段12巷1號
電　話/（02）8236031・8236033
傳　真/（02）8272069
郵政劃撥/ 0166955-1
登記證/ 局版臺業字第2171號
承印者/ 高星企業有限公司
裝　訂/ 日新裝訂所
排版者/ 弘益電腦排版有限公司
電　話/（02）5611592
初版1刷/ 1997年（民86年） 5月

定　價/180元